中华文化风采录

历来古景风采

伟大的长城

陈 璞 ◎编著

北方妇女儿童出版社

·长春·

图书在版编目（CIP）数据

伟大的长城 / 陈璞编著. —长春 : 北方妇女儿童出版社，2017.1（2022.8重印）

（历来古景风采）

ISBN 978-7-5585-0825-7

Ⅰ．①伟… Ⅱ．①陈… Ⅲ．①长城—介绍 Ⅳ．①K928.77

中国版本图书馆CIP数据核字（2017）第009947号

伟大的长城

WEIDA DE CHANGCHENG

出 版 人　师晓晖

责任编辑　吴　桐

开　　本　700mm×1000mm　1/16

印　　张　6

字　　数　85千字

版　　次　2017年1月第1版

印　　次　2022年8月第3次印刷

印　　刷　永清县晔盛亚胶印有限公司

出　　版　北方妇女儿童出版社

发　　行　北方妇女儿童出版社

地　　址　长春市福祉大路5788号

电　　话　总编办：0431-81629600

定　　价　36.00元

习近平总书记说："提高国家文化软实力，要努力展示中华文化独特魅力。在5000多年文明发展进程中，中华民族创造了博大精深的灿烂文化，要使中华民族最基本的文化基因与当代文化相适应、与现代社会相协调，以人们喜闻乐见、具有广泛参与性的方式推广开来，把跨越时空、超越国度、富有永恒魅力、具有当代价值的文化精神弘扬起来，把继承传统优秀文化又弘扬时代精神、立足本国又面向世界的当代中国文化创新成果传播出去。"

为此，党和政府十分重视优秀的先进的文化建设，特别是随着经济的腾飞，提出了中华文化伟大复兴的号召。当然，要实现中华文化伟大复兴，首先要站在传统文化前沿，薪火相传，一脉相承，弘扬和发展5000多年来优秀的、光明的、先进的、科学的、文明的和自豪的文化，融合古今中外一切文化精华，构建具有中国特色的现代民族文化，向世界和未来展示中华民族具有独特魅力的文化风采。

中华文化就是中华民族及其祖先所创造的、为中华民族世世代代所继承发展的、具有鲜明民族特色而内涵博大精深的优良传统文化，历史十分悠久，流传非常广泛，在世界上拥有巨大的影响力，是世界上唯一绵延不绝而从没中断的古老文化，并始终充满了生机与活力。

浩浩历史长河，熊熊文明薪火，中华文化源远流长，滚滚黄河、滔滔长江是最直接的源头，这两大文化浪涛经过千百年冲刷洗礼和不断交流、融合以及沉淀，最终形成了求同存异、兼收并蓄的辉煌灿烂的中华文明。

中华文化曾是东方文化的摇篮，也是推动整个世界始终发展的动力。早在500年前，中华文化催生了欧洲文艺复兴运动和地理大发现。在200年前，中华文化推动了欧洲启蒙运动和现代思想。中国四大发明先后传到西方，对于促进西方工业社会形成和发展曾起到了重要作用。中国文化最具博大性和包容性，所以世界各国都已经掀起中国文化热。

中华文化的力量，已经深深熔铸到我们的生命力、创造力和凝聚力中，是我们民族的基因。中华民族的精神，也已深深根植于绵延数千年的优秀文化传统之中，是我们的精神家园。但是，当我们为中华文化而自豪时，也要正视其在近代衰微的历史。相对于5000年的灿烂文化来说，这仅仅是短暂的低潮，是喷薄前的力量积聚。

中国文化博大精深，是中华各族人民5000多年来创造、传承下来的物质文明和精神文明的总和，其内容包罗万象，浩若星汉，具有很强的文化纵深感，蕴含丰富的宝藏。传承和弘扬优秀民族文化传统，保护民族文化遗产，已经受到社会各界重视。这不但对中华民族复兴大业具有深远意义，而且对人类文化多样性保护也是重要贡献。

特别是我国经过伟大的改革开放，已经开始崛起与复兴。但文化是立国之根，大国崛起最终体现在文化的繁荣发展上。特别是当今我国走大国和平崛起之路的过程，必然也是我国文化实现伟大复兴的过程。随着中国文化的软实力增强，能够有力加快我们融入世界的步伐，推动我们为人类进步做出更大贡献。

为此，在有关部门和专家指导下，我们搜集、整理了大量古今资料和最新研究成果，特别编撰了本套图书。主要包括传统建筑艺术、千秋圣殿奇观、历来古景风采、古老历史遗产、昔日瑰宝工艺、绝美自然风景、丰富民俗文化、美好生活品质、国粹书画魅力、浩瀚经典宝库等，充分显示了中华民族厚重的文化底蕴和强大的民族凝聚力，具有极强的系统性、广博性和规模性。

本套图书全景展现，包罗万象；故事讲述，语言通俗；图文并茂，形象直观；古风古雅，格调温馨，具有很强的可读性、欣赏性和知识性，能够让广大读者全面触摸和感受中国文化的内涵与魅力，增强民族自尊心和文化自豪感，并能很好地继承和弘扬中国文化，创造未来中国特色的先进民族文化，引领中华民族走向伟大复兴，在未来世界的舞台上，在中华复兴的绚丽之梦里，展现出龙飞凤舞的独特魅力。

源起非攻——先秦长城

秦时明月——历代长城

長城是中華民族的象征，它横貫我国北部，蜿蜒曲折，气勢磅礴。

在我国，最早修建長城的是春秋战国时期的楚国，在历史上，这段長城被称为"方城"或"万城"，全長近500千米。楚国長城修成后，齐、魏、韩、中山国、燕、赵、秦等国家也各自修建了自己的長城。

由于这些長城的規模都不大，它们的長度有的只有数百千米，为此，人们统称这些長城为"先秦長城"。

先秦長城

楚文王为屯兵始建"方城"

公元前7世纪前后，正是我国历史上的春秋战国时代，在这个时期，我们国家形成了很多个诸侯国，其中，以楚国、齐国、中山国、魏国、韩国、秦国、燕国和赵国等最为著名。

荆楚文化建筑

公元前678年，楚国在征服汉水以东的诸侯国之后，率军向北发展，将西周时期形成的诸侯申、缯等古国封地据为己有。

之后，为实现"我有蔽甲，欲以观中国之政"的政治意愿，楚文王又继续沿着申、缯等古国封地的北部、东北部，并凭借伏牛山和桐柏山自然形成的天然隘口，命人在缯国缯关基础上，修筑了我国历史上最早的长城，同时于夏路进入缯关处修建了屯兵戍守的"方形小城"，即"方城"。

在我国历史上，"方城"一词在楚国地理中多次出现。总结起来，主要有以下几种含义：

第一种，认为方城是山。据《后汉书·郡国志》记载："南阳郡下：'叶有长山，曰方城。'"

又据《括地志》记载："方城，房州竹山县东南四十一里。其山顶上平，四面险峻。山南有城，长十余里，名为方城。即此山也。"

第二种，认为方城是一个关塞。据《淮南子·地形训》记载："何谓九塞？曰：太汾、渑阨、荆阮、方城、殽阪、井陉、令疵、句注、居庸。"

高诱作注说："方城，楚北塞也，在南阳叶县。"

第三种，则认为方城是座城。《水经注·汝水注》记载："苦菜、于东之间，有小城，名方城，东临溪水。寻此城致号之由，当因山以表名也。"

《水经注·溧水注》记载："醴水又屈而东南流，迳叶县故城北。春秋昭公十五年，许迁于叶者也。楚盛周衰，控霸南土，欲争强中国，多筑列城于北方。以逼华夏，故号此城为万城，或做方字。"

■ 楚王祭天雕像

缯国 姬姓，在河南省方城县一带。西周末年，追随申、犬戎攻杀周幽王，灭亡西周。战国初，缯国尚存，建都西阳，即河南光山县西北。缯国为与夏同姓封国，故城遗址位于山东省苍山县下庄镇西北16千米处。历史上，缯国有一著名关隘为"缯关"。

■ 复原后的楚方城城墙

根据古人留下的古籍资料，人们认为，"方城"原指方城山，后来，因为楚国在此地修建的城墙，并逐步扩大规模以后，人们便把这段城墙称为"方城"。

因为这种城墙很长，而且与一般城中的城墙有所不同，它不是周围封闭的，所以称为"长城"或"长垣"。又因为此段城墙是楚国始建的，后来又被称为"楚长城"或者"楚方城"。

这里的"方城"称谓，是因旁边的"方城山"而得名的。

关于楚长城在当时楚国的分布，我国的历史文献上有清楚的记载，其中，《水经注·沘水注》引南北朝宋人盛弘之所著《荆州记》记载："叶东界有故城，始犨县东，至瀙水，达此阳界，南北联络数百里，号为方城，一谓之长城云。"

北魏学者郦道元的《水经注·沘水注》记载："叶县东面有故城一道，从鲁山县开始，东至泌水，西达比阳界，南北连联数百里，号为方城，也称作'长城'。"

"郦县有故城一面，未详里数，号为长城，即此城之西隅，其间相去六百里，北面虽无筑基，皆连山相接，而汉水流其南。"《括地志辑校》记载：
"故长城在邓州内乡县东七十五里，南入穰县，北连翼望山。"

根据这些资料，后人推测当时的楚长城大致应该分为北线、东线、西线三部分，整体轮廓略呈"∩"形，故称"方城"。它们主要分布在豫南的平顶山、南阳、驻马店、信阳4个地级市的25个县。

这座长城西起湖北省竹溪县，跨汉水辗转至河南的邓县，往北经内乡县，再向东北经鲁山县、叶县，往南跨过沙河直达泌阳县，总长500多千米。

其中，北线为东西走向。《水经注》称"其间相去六百里"。指自东部的叶县向西经河南省鲁山县、南召县至内乡县郦长城之间的大约距离，长城线路位于南阳盆地北缘东西绵亘的伏牛山沿线上。

豫南　有广义和狭义两种意思。广义上即指河南的南部地区，包括信阳、漯河、南阳、平顶山、周口、商丘、许昌、驻马店市，有"豫南八市"之称。按生活习惯和气候来划分，狭义上是指河南最南端的信阳地区。信阳：位于河南省南部，是江淮河汉间的战略要地。

■ 楚长城遗址

鲁阳关 古关名。在今河南省鲁山县西南地区。是洛阳与南阳盆地间的交通冲要。自古为军事必争之地。378年，苻坚攻襄阳，使石越率精骑出鲁阳关，即此。又称"三鸦路""古鸦路"。

■ 复原的楚国长城

北线的四分之三在南召县境内，有石砌关城53座，重要关门东有鲁阳关，西有野牛岭关。其次还有中部分水岭关，分别扼守着自洛阳南下的南北古道。

东线为北、东、南走向。其中东内线，自鲁阳关南下，沿三鸦路至南端的第一鸦。三鸦路，为洛阳南下经鲁山、南召通向南阳的著名古道，《南阳古代史话》称三鸦路为古"夏路"。

三鸦路段均在南召境内，中流鲁阳关水，简称"关水"。《大清一统志》记载："三鸦路以百重山为第一鸦，分水岭为第二鸦，鲁阳关为第三鸦。"

《南召县志·交通志·古道》记载："宛洛大道，即古三鸦路，也称鲁关道，是南阳通往洛阳的一条重要通道。始建于公元前9世纪西周时期，昭王、穆王为沟通宛洛，防楚北侵，故修此道。"

第二鸦所在的云阳关，鸭河、鸡河在此会流，会流处两山并立，三鸦路古道在此通过，故历史上被称为"北扼汝洛，南扼荆襄"的咽喉之地，为历代兵家所必争。

西线为北、西、南走向。其西内线，由南召县乔端镇的野牛岭南下，经板山坪镇的周家寨又名"金斗关"，南入镇平县，继向南入邓州境内的穰故城。据《南召县志》记载，与西内线相联系的古道有两条：

一条是马市坪古道，由洛阳向西南经嵩县沿白河入南召县乔端镇、马市坪乡、李青店，南达南阳，中间有著名的灌沟孔道，县内总长约45千米。

一条为板山坪古道，由李青店经白土岗乡、板山坪镇西入内乡县马山口，远入武关，县内总长约45千米。

另有白河航道，下通汉江，北至板山坪镇余坪。位于板山坪镇的周家寨，为楚长城的一座大型关城，位于金斗山上。

《明嘉靖南阳府志》称"金斗山在县西南一百六十里"，并称"明会典有金斗关，关因山盖置，跨内乡、南召二县"。至明代更名为"莲花寨"，清

昭王（约前523年~前489年），楚昭王熊壬，楚平王之子。公元前516年，楚平王死，不满10岁的太子壬继位，改名熊轸，是为昭王。历史上，楚昭王可谓是楚国的一位中兴之主。

代初期经此地周姓旺族复修后又更名为"周家寨"。此寨紧锁着板山坪古道。周家寨周围沿古道分布着黄路岈寨、楼子垛寨、黑沟顶寨、小曼寨、青凤崖寨等10余座石寨城，集群分布。

向南入镇平县境，又有菩提寺寨等有名寨城。《括地志辑校》称"故长城在邓州内乡县东七十五里，南入穰县"，应该是指这里的楚长城西内线。

楚长城之西外线，自南召县西北乔端镇境内的桃花庵寨、八里坡寨向西南，经京子垛寨、老界岭寨等入内乡县境。

这条楚长城，有的用石砌垒，有的用土筑墙，与天然的悬崖峭壁结为一体，形成当时楚国对外防御的巨大屏障，称为"古楚长城"，又名"内长城"。此条长城的"大关口"，为楚方城东段隘道关塞之一。这道关塞一直保存下来，位于河南方城县独树乡申辛庄村。

关口东侧为横亘于叶县西南之黄石山西麓的擂鼓台，北岭头和尖山诸峰；西侧为伏牛山东麓之对口门，旗杆山和香布袋山诸峰。东、西山峰夹峙，形成隘口。其构筑皆依山就岭，以南北两道土城构成有似新月形面向东南的两道防线。

■楚国长城遗址上的碎石

■ 楚长城遗址

关口南北城墙相距30米。东侧的北墙依悬崖而筑，与南墙相距200米至300米。南北墙之间且有深沟，南城内侧有12米见方之土台7个，似为城堡。西侧之北墙亦依山岭而筑，在对门山顶和香布袋山均有石基城堡遗迹。

该关遗留之内外城垣总长度达约2.8千米，残高1.5到3.0米，基底宽10米，顶宽1.5米。城堡遗迹共有9处，规模宏大，设计构思周密，为研究楚国军事建筑工程提供了宝贵的实物例证。

历史上，楚长城修成后，有一次，齐国要进兵攻打楚国，军队已经到了"陉"这个地方，楚成王派了大夫屈完去迎敌。到了召陵地方，屈完对齐侯说："你如果真正要想打一仗的话，楚国有方城可以作为城防，有汉水作为城池，足以可以抵挡一阵子的。"齐侯见楚防御工事果然坚固，只好收兵。

大夫 古代官名。西周以后先秦诸侯国中，在国君之下有卿、大夫、士三级。大夫世袭，有封地。后世遂以大夫为一般任官职之称。秦汉以后，朝廷要职有御史大夫，备顾问者有谏大夫、中大夫、光禄大夫等。至唐宋尚有御史大夫及谏议大夫之官。

像这样其他的诸侯国去攻打楚国，到了方城就被阻挡而回的情况，在古代文献上还有不少记载。

如《左传》上记载，有一次，晋国的处父伐楚以救江，到了方城，遇到息公子朱，便回去了。又如，晋国的荀、偃栾书率师伐楚，入侵到了方城之外，由于楚国防御严实，没敢攻打，结果只好攻打了一下别的地方就收兵了。

这些历史故事，不仅说明了楚方城在防御其他诸侯邻国侵扰上的功用，而且也说明了方城不是一般孤立城市的城垣，而是连绵不断的城防。构成了一个完整的防御工程。这便是我国长城的开始。因为楚长城是我国最早的长城，为此，它被人们称为我国的"长城之父"。

伟大的长城

阅读链接

虽然人们认为，楚长城是在楚文王时期修建的，但后人也认为，楚长城的修建时间并非是短期时间可以修成的，为此，人们主要有"春秋说"和"战国说"两种看法。主要是如下几个观点：

一是，楚国直至楚怀王前，一直处于强势，修长城无疑是作茧自缚，楚国没有必要修筑北长城。为此，楚长城是在楚怀王以后修建的。

二是，楚成王时期屈完大夫"方城以为城，汉水以为池"的说法，"方城"指的是方城山，并非指的是长城。也就是说，在春秋战国时以齐国为首的联军进攻楚国方城时，方城并无长城之险。

三是，楚长城是为抗秦而建的，楚国只有西线长城。北部只是利用了山险和谷堑。为此，楚长城的修建时间是在公元前6世纪左右。

齐环为军事防御建"钜防"

在春秋战国时期，楚国修建起第一座长城后，齐国看到了长城的好处，也仿照着楚国的样子，修建了齐国长城。

说起齐国长城的修建，还有一段有趣的历史故事呢！

当时，我国的众多诸侯国，除了楚国、齐国、中山国、魏国、韩国、秦国、燕国和赵国等国之外，在齐国附近，还有晋国、鲁国、宋国、卫国等一些小国家。

在这些国家中，齐国和晋国的关系最差。原因是，在楚国修建长城的年代里，齐国当时正是齐桓公当君王，这位齐桓公是位非常了不起的人物，在他当齐国君王期间，号称中原的霸主，没有一个诸侯国敢惹他。

齐桓公雕像

■ 齐长城遗址纪念碑

元帅 在我国，元帅一词最早出现在公元前633年的春秋时期，其名源于《左传》所载晋文公的"谋元帅"。当时只是表示对"将帅之长"的称呼，还不是官职名称。从南北朝起，元帅逐渐成为战时统军征战的官职名称。

齐桓公死后，齐国发生了一些内乱。在这样的情况下，齐国附近的晋国日益强大起来，成为新的中原霸主。这样一来，齐国和晋国的关系就弄得很僵。

至齐灵公齐环时，有一次，晋国君主晋平公让附近的小诸侯国在河南济源西一带参加盟会，结果，其他小诸侯国的君王都亲自参加了这次会议，而唯独齐灵公则只派出了大夫高厚赴会。

在盟会上，晋平公要自己的元帅荀偃率领各国大夫与高厚举行盟誓，而高厚却又偷偷逃回齐国。

于是，荀偃与各国大夫盟誓说："背叛盟主者，诸侯共讨之！"

这里，荀偃口中的"背叛盟主者"，显然是指的齐国。

在此次盟会后的第二年，齐国又兵分两路向晋国的盟国鲁国发起了进攻。当时，由于鲁国有所防备，两路齐军皆无功而返。

公元前555年秋，齐灵公坐镇山东平阴，分兵数路再次向鲁国发起进攻，晋平公得知后，便组织其他盟国发兵讨伐齐国。

晋国三军来到济水之畔，中军主帅荀偃往济水中投放玉石，祭祀济水之神，并历数齐灵公的罪行：齐环凭借山水之险和人口众多，背弃盟主，凌虐民众。

第二年初春，晋军渡过济水，来到鲁国地盘，与鲁、宋、卫、郑、曹、莒、邾、薛、杞等国军队会合，然后就沿着济左陆桥，气势汹汹地向平阴扑来。

灵公见大兵压境，便紧急召回进攻鲁国的军队，回防齐国西南边陲各个重镇和战略要地。与此同时，灵公发动士兵紧急加固平阴邑南面的堤防，使之更宽更高更长，又在堤防外侧挖掘堑壕，西引济水和湄湖之水作为护城河。

这样，平阴城南的这道堤防便由一般的水利工程

济水 发源于河南省济源市王屋山上的太乙池。源水以地下河向东潜流70多米，到济渎和龙潭地面涌出，形成珠、龙两条河流向东，不出济源市境就交汇成一条河，叫流水，至温县西北始名济水。后第二次潜流地下，穿越黄河而不浑，在荥阳再次神奇浮出地面，百折入海，神秘莫测。

■ 齐国古长城遗迹

宦官 我国古代专供皇帝、君主及其家族役使的官员。他们一般是替皇室服务并阉割掉外生殖器的男性。但在先秦和西汉时期并非全是阉人。自东汉开始，则全为被阉割后失去性能力而成为不男不女的中性人。又称寺人、阉人、阉官、宦者、中官、内官、内臣、内侍、内监等。

■ 齐长城城防

一跃变成军事防御工程的钜防夯土长城。这便是齐国最早一段长城的缘起。

正因为齐长城缘起于水利工程的堤防，所以它本来的名字就叫"钜防"，即便到了后来的战国时代，"长城"的名字叫响之后，"钜防"依然是齐长城的别称。

对于这段钜防的防御作用，当时随军的宦官夙沙卫很不以为然，他对齐灵公说："主公，卑职以为，不能战，莫如守险。"

夙沙卫的意思是说，如果不能同敌军直接交锋取胜，那么就应该固守平阴以及附近的京兹、邿、卢等城邑。

但是，齐灵公并没有采纳他的意见，依然坐镇在平阴城。

诸侯联军来到平阴城后，即被眼前的这道既高又

厚的钜防挡住了去路。联军们只好集中兵力，强行攻击钜防上唯一的出入口防门。但是由于齐国将士顽强抵抗，虽然也有死伤，却也使得联军不能越雷池一步。

联军见强攻防门，一时难以得手，晋国大夫范宣子就对齐军实施攻心战术和疑兵战术，最后，齐灵公果然中计，只好撤出平阴城。

不过，虽然最后齐军被晋国带领的诸侯联军打败了，但可以看出，当时齐军修建的这座钜防长城在军事上是起到了一定的防御作用的。

再说齐灵公修成了钜防长城以后，至战国中期，齐威王、齐宣王继起争霸，楚国灭掉了齐国附近的越国，更加危及到了齐国，而冈峦起伏的泰沂山区正处于齐之南越，以山代城的传统格局已不适应骑兵战的新形势，于是，齐威王又命人在齐国边界修建了中段长城。

再后来，齐宣王上任后，又对齐国的长城加以维修连成一体。

关于这段历史，《史记·楚世家·正义》引《齐记》记载："齐宣王乘山岭之上筑长城，东至海，西至济州千余里，以备楚。"

历史古籍《太平寰宇记》中也记载："齐宣王筑长城于此，西起齐州，东抵海，犹有遗址。"

■ 齐长城边墙

越国 又称作"于越"，是春秋战国时期位于我国东南方的诸侯国，春秋五霸的勾践"卧薪尝胆"即是第三十九代越王。史书称越国为夏朝少康庶子于越的后裔，国君为姒姓越国前期的核心统治区域主要在浙江诸暨、东阳、义乌和绍兴周边地区，其早期都城即在该区域内迁移。公元前306年，为楚所灭。

■ 齐长城烽火台

又据古籍《水经注》中记载："县北偏东百五里，上有穆陵关；关之南北为沂胸分界处，齐宣王筑长城于此。"

从这些历史记录中可以看出，齐宣王时期修建的齐长城规模已不小。

再后来，宣王之子齐湣王又对齐国的长城进行了全面整修。至此，齐长城先后经历几百年工夫，终于大功告成。

这段长城依山势而筑，西起黄河河畔，东至黄海海滨，东西蜿蜒千余里，几乎把整个山东南北分为两半。

此军事钜防，蜿蜒起伏在1518座山峰上，它历经平阴、长清、肥城、泰山、泰安、历城、章丘、莱芜、博山、淄川、沂源、临胸、沂水、安丘、莒县、五莲、诸城、胶南、黄岛共19个县市区的94个乡镇。

■ 齐长城上的营垒

全长约为618.9千米，史称“千里齐长城”。

　　因为这段长城多依山势而筑，山岭之地又多筑在峰顶处，为此，齐长城又有“长城岭”之称。

　　齐长城所经沿线也有平坦之地，所以作为齐长城的整体建筑结构设计，城墙结构各有差异。随山势而筑地段城墙多系大小不一的自然石块砌成，一般不用灰浆等物凝固。

　　而平原低谷地段所筑长城又多夯筑而成，土筑的城墙也称“钜防”或“防门”。

　　而就城墙的建筑材料而言，多就近取材，山岭地段所筑城墙，因取石之便，即用石砌；平坦地带，因无石可取，即用土筑。

　　齐长城是随着不同的地形、山势和地貌而修筑的，主要由关、烽火台、团城和墙四部分组成，关全部建在山口要道上；烽火台则建在大关的山顶，用以

灰浆 以改性聚合物乳液和水泥混合粉料，通过现场搅拌混合而成的通用防水灰浆，也叫聚合物水泥防水涂料，简称“双组份防水涂料”，具有优异的防水效果。在我国古代，并没有这种建筑材料，所以一般用自然石砌修成长城。

伟大的长城

■ 齐长城城墙遗迹

烽火台 又称"烽燧"。俗称烽堠、烟墩、墩台。古时用于点燃烟火传递重要消息的高台，系古代重要军事防御设施，是为防止敌人入侵而建的，遇有敌情发生，则白天施烟，夜间点火，台台相连，传递消息。是最古老但行之有效的消息传递方式。

传递敌情；团城是建在关两侧高山顶上的石围墙塞，用以屯兵和观察敌情。

城墙的位置一般是建在随山升降的分水线南侧的斜坡上。地势一般是南低北高。因为南面低，来犯的敌人需要向上进攻，非常困难，起到防御作用。北面高则可以居高临下，易于防守。

墙底厚一般3米，但关处厚4米至8米。南半部分是外墙，平均高4米，关处墙最高8米；北半部分是站墙，厚1米，高1米左右，有便于瞭望、巡逻、隐蔽和作战的优点。

在城墙的阴面，建有横向的拦沙土的小石墙，有的墙内垒着泄水沟，以防止城墙被雨水冲坏。墙的用料一般是就地取材，砂石山就用砂石，青石山就用青石。

上游镇南栾宫村西的"道士帽"山处的220米城

墙则是用沙土夯筑而成，特殊地带就以悬崖代墙，如三顶山、鸡罩山上的墙就是如此。砌墙的方法也因料而异，土墙就用夯筑法，石墙、关楼和城堡则用支垫干垒法，关门洞采用的是发碹技术。

其中，尤以干垒法和发碹技术最值得称道，不怕雨雪冲刷，经得起风吹日晒，因而一直完好无损。齐长城保存最为完整的城墙是莱芜境内上游镇娘娘庙锦阳关以西的662米，共有190个城垛，每个城垛上有一个瞭望口。

综观齐长城的建筑结构设计，有因地制宜，充分利用地形，就地取材的特点。为此，我们后来所见长城不是整齐的统一设计，而是多因山势和河堤防而筑，平地、河流、低谷处重点设防，以确保进出方便，能攻易守。

后来的城墙遗迹一般在山系顶峰险要处，这说明当时此处没有修筑城墙，有的地方即使修筑，规模也很小。而在山系岭脊外缘陡险处，长城内侧地势较外

城垛 城堞的俗称，亦称"城垛口"。指城墙上向外突出的部分。在城墙顶端后面的平台，可以让防卫者站立作战。在城墙上方所设置的隘口，可以让防卫者向外射击，或在作战时，得到部分的掩盖。这些隘口可以加上木制的活门作额外的防护。狭小的射击口可以设置在城墙里，让弓兵在射击时受到完全的保护。

源起非攻

先秦长城

■ 齐长城门洞

伟大的长城

■ 残破的齐长城基石

泰沂山脉 我国东部地区的重要山脉。位于山东省中部，分为泰山山脉、沂山山脉、蒙山山脉、徂徕山脉等多支。主峰玉皇顶，海拔约1500米。集中分布在鲁中南山丘区和胶东丘陵区。属鲁中南山丘区者，主要由片麻岩、花岗片麻岩组成；属胶东丘陵区者，由花岗岩组成。

侧要高出许多，一般可高出两三米，而外城墙内只填以三四米宽的土沙或碎石。

所以齐长城较多处地段为单城墙，即只有外墙，无内墙，即使有内墙也较低，这在春秋战国时期各国所建长城中是仅见的，在历代所建长城中也是仅有的。

而平阴、长清地带的长城西端，则既无山岭屏障，又无河道为阻，而此处又是齐国南通曹、宋、滕、邾、鲁、楚、周诸国，西通卫、晋、郑的要冲地带，也是兵家必争之地。故齐国不惜耗费巨工在此用土坯筑成高厚的城墙，故史称"钜防"。

钜防西端设防门，筑两道城墙，为重要门户，中间设关卡，战时可以关闭。

《史记·苏秦列传》记载："虽有长城钜防，恶足以为塞。"即指此。

至于战国晚期，燕军伐齐，由西北入境，长驱直入，攻占齐城，当另有别因。

南部因有长城钜防，在春秋战国长达500余年的时间内未发生灭国之灾，说明长城作为南界军事防御工事，确实起到了筑城卫国的作用。

巍峨壮观的齐长城如一条巨龙，穿越于崇山峻岭之间、阡陌沟壑之上，与浩瀚壮阔的大海相衬托，气势磅礴、雄伟异常，有"少海连墙"之美誉。

整条长城充分利用泰沂山脉自然山势的设计。不仅充分体现了"丘陵堤防，必处其阳，而右背之"的军事原则，也节约了大量的人力物力。它充分显示了当时齐国科学的先进和体现军事防御这一军事主导战略意图。为此，可以说，齐长城在我国历史上占有重要地位。

因为这座长城比欧洲人公元前459年修建的79千米长雅典壁垒早200余年，比秦长城早400余年，为此，它又被后人称为"世界壁垒之最"。

阅读链接

古老的齐长城以其特有的军事、地理、商旅、建筑等方面的魅力而闻名。在齐长城下，流传着许多凄婉动人的故事：

相传，在齐长城脚下住着一户人家，聪明英俊的王小与老母相依为命，无奈家贫如洗，王小老大不小了也没有娶上媳妇，老母盼媳心切，日久成疾，双目失明，王小靠讨饭奉养老母，并天天到山上打柴换药为老母治病，历尽生活艰辛。

王小的孝心终于感动了神灵，托梦指点他道：北墙跟前一地花，九月满目黄金甲；得此妙药圣草日，定是慈母见天时。

王小醒来，恍然大悟，这不就是天天打柴时见到的齐长城下的野菊花嘛！于是采来野菊，熬汤为老母洗眼，果然灵验。这一偏方，一直在齐长城下流传应用，造福一方百姓。

中山国为保卫领土建短长城

战国时期，在楚国和齐国各自建成守护国土的长城以后，有一个小国中山国也筑了长城。

中山国，是我国北方少数民族北狄建立的国家，原名"鲜虞"，始建于西周。

中山国石基座

春秋晚期，鲜虞转移至唐县，改称"中山国"，中山武公建都于顾，也就是后来的河北省定州。

中山国位于后来的河北省中部正定、石家庄的西北，它东与齐国，北与燕国，西南与晋国和赵国相连，四面

神南

富有

唐

大岭后

河

上庄

马耳山 747

大洋

唐河总干渠

八方都是强大的诸侯国家。

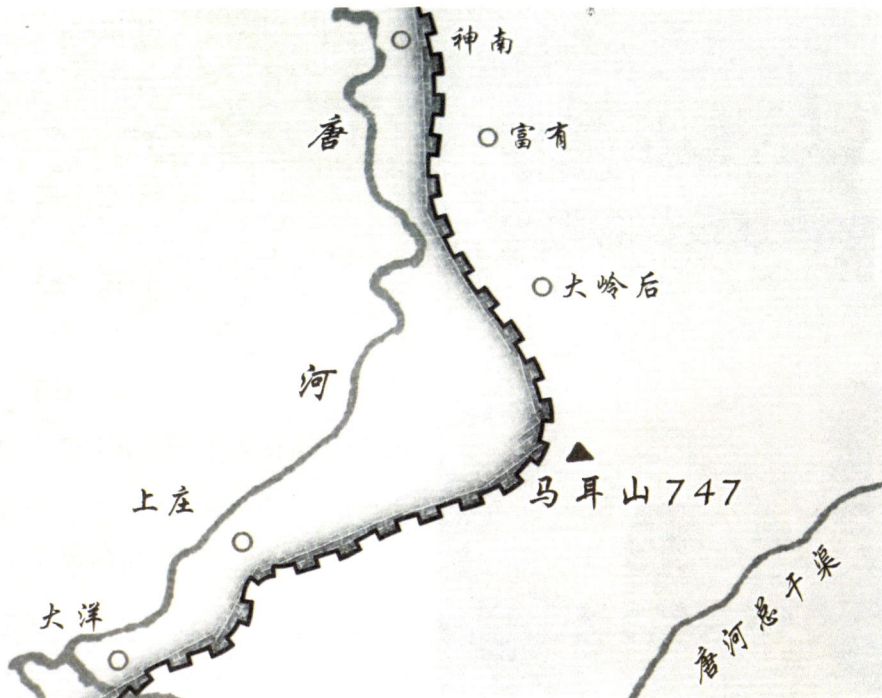

■ 中山国长城示意图

中山国虽然是小国，却十分顽强，曾于公元前406年为魏国所灭，至公元前380年左右又复国。

复兴后的中山国位于赵国的东北部，把赵国南北两部分领土分割开来，因此成为赵国的心腹之患。赵国在公元前377年、376年曾两次进攻中山国，均遭到中山的抵抗，没有成功。

此后，中山国开始修筑长城。

据《史记·赵世家》记载：

六年，中山筑长城。

这里的六年，便是公元前369年。

不过，虽然中山国修建了守护自己国土的长城，

赵惠文王（约前309年~前266年），战国时期赵国君主。其母便是深得赵武灵王宠爱的王后吴娃。赵何乃是赵武灵王的儿子，因长子赵章犯错被废，便让赵何即位。赵惠文王在位时有蔺相如、廉颇、李牧、赵奢等文武大臣，政治清明，武力强大。

■ 娘子关 为我国万里长城著名关隘，位于太行山脉西侧河北省井陉县西口，山西省平定县东北的绵山山麓。娘子关原名"苇泽关"，因后来的唐代平阳公主曾率兵驻守于此，平阳公主的部队当时人称"娘子军"，故得此名。娘子关有万里长城第九关之称，为历代兵家必争之地。古城堡建有关门两座。东门为一般砖券城门，额题"直隶娘子关"。南门危楼高耸，气宇轩昂，坚厚固实，青石筑砌。门洞上额书"京畿藩屏"四字，展示了娘子关的重要性。

但是，由于中山国实在是太小了，最后还是在公元前296年被赵惠文王所灭，改其地为赵国的中山郡。

经过350余年时间的中山国虽然最终被灭，不过，中山国修建的长城却保存了下来。

中山国长城的位置起于河北省和山西省交界的地区，纵贯恒山，从太行山南下，经龙泉关、倒马关、井陉关、娘子关，固关到邢台南黄泽关以南的明水岭大岭口，长约250千米。

此长城后来在唐县、曲阳、顺平等地都有遗址可寻，大体走向是沿唐河右岸行。

中山国长城遗址大约有四五十千米，山上用毛石块垒成，山下用土和石头、石条混筑。

其中，山下长城两侧用简单打制的石块堆砌，中填碎石或地表土，墙基用较规整的石块平铺。墙基宽两三米，城墙横截面呈梯形，上窄下宽，有"土龙""龙脊"之称。

土石混筑的中山长城，高约有3米，宽0.5米至2.5米，做法是两侧挖地基，砌石块做边墙，中间用土和碎石填充。长城干线上有圆形和方形的烽火台，长城沿线处建有城堡。

由于此座长城历史久远，墙体坍塌现象十分严重，整座长城呈现南北走向，以主干城墙为主体，另在一些险要的关口筑城或筑墙扼守。在城墙内侧修筑较大的城址为屯戍点，或在城墙附近驻兵防守，共同构成一道严密的防御体系。

主干城墙起自西北距唐县周家堡8千米的顺平县神南乡大黄峪村西北海拔约700多米的名为"大簸箕掌"的山峰半山腰处，沿山脊顺势而呈西北—东南走向，蜿蜒曲折于山脊和绝壁之上。由神北村向南，绝壁连绵，未筑城墙，以山为险。

在神北村南约6千米，长城又出现于大悲乡西大悲村西北的西山岭上，向南依地势曲折前行，至富有村西的西水磨台，为一条汇入唐河的小支流隔断，随后又在富有村东山岭上出现。

大致呈西北—东南走向，延伸至团结乡境内，翻越两座山峰后经大岭后村北，再经李家沟村东北的险峻山峰转而向南入齐各庄乡界内。

经柏山村西北绝壁，沿大碗岭、黄坡山、乔尔

马耳山 地处河北省唐县北店头乡北，距唐县县城约10千米。此山最高两峰酷似马耳耸立，故得此名。过此山往东北即是顺平县辖区，故此山又为唐县、顺平县界山。

■ 残破的长城兵垒

■ 灌城长城城墙

坡，直插海拔747米的顺平、唐县交界的马耳山北麓，转而入唐县界。其中，顺平界内总长约24千米。

长城又在马耳山西南麓唐县一侧半山腰出现，在峒龑乡西峒龑村西北先为东—西走向，转而呈北—南走向。穿过一块平坦的山间盆地，翻过盆地中间一座名为"葫芦山"的突兀山峰。

在西峒龑村西、上赤城村东的山梁上蜿蜒曲折，总的走向是向西南延伸，进入白合乡上庄村北，顺山坡而下，为公路、村庄所隔断。

长城又在上庄村南偏西的山梁上出现，大致呈北—南走向，在上庄村南约235千米的山梁上呈"曲尺"状蜿蜒。又向西南延伸至大洋乡万里村北山梁上，呈东—西向延至山南庄北梁后向西南延伸，到达西大洋村东山坡上，为西大洋水库所隔断。

长城在西大洋水库南岸雹水乡凤山庄村西山坡上出现，大致呈东北—西南走向。沿山脊前行，在凤山庄村西南约135千米处分为两支。

文物 指历史遗留下来的在文化发展史上有价值的东西，如建筑、碑刻、工具、武器、生活器皿和各种艺术品。各类文物从不同侧面反映了各个历史时期人类的社会活动、社会关系、意识形态以及利用自然、改造自然和当时生态环境的状况，是人类宝贵的历史文化遗产。

一支向东南，终止于凤山庄村南的悬崖之上；一支沿西南坡而下，向北沿灌城乡坡上村、南屯村东山梁延伸，到水库南岸山坡上又为水库所隔断。

灌城以西、以北经调查未见长城遗迹，灌城应是主干城墙的终点。唐县界内长城总长约44千米。

除了残缺的城墙遗址，在中山长城的多处遗址中，还有大量的战国文物遗存，这些珍贵的历史文物，为研究我国春秋战国时期的历史文化，提供了重要的资料。

另一方面，由于中山国长城是春秋战国时期修建的最短的一段长城，为此，这段长城也被后人称为"战国短长城"。

阅读链接

历史上，中山国的前身是北方狄族鲜虞部落，为姬姓白狄，最早是在陕北绥德一带，逐渐转移到太行山区。

姬姓是周王族的姓，白狄的来历，有说是周文王后裔毕万公的后裔，也有说是来自周文王封给弟弟虢叔的西虢国。西虢国历代国君世袭兼任周王朝卿士一职，同时又是三公之一，担负为周王朝南征北战、东讨西杀以惩罚不臣的任务，可能是周宣王时期虢国国君虢季子白，在内蒙古萨拉乌素河、榆溪河朔方筑城之后，其部分后裔就留在陕北了。

鲜虞之得名出自鲜虞水，鲜虞水即今源出五台山西南流注于滹沱河的清水河，这一带是鲜虞最早的发祥地。鲜虞的名称最早出现在《国语》一书中。

该书记载，公元前774年，太史伯答郑桓公问话时谈到，成周雒阳四周有16个姬姓封国，6个异性诸侯国，还有"非王之支子母弟甥舅"的南蛮、东夷及西北的戎、狄国家或部落集团，其中就有鲜虞。

春秋时期的鲜虞部落联盟，由鲜虞、肥、鼓、仇由几个部落组成，逐渐开始扩张势力，并在后来形成了中山国。

秦国为防侵扰建东北秦长城

春秋战国时期，在陕西省北部、甘肃省东部和宁夏回族自治区南部等地区，居住着很多的少数民族，在古代文献中，他们被称作"戎"或"西戎"。

秦始皇雕像

早在西周末年时，西戎势力就日益强大，他们协助申侯杀死西周最后一个皇帝周幽王，颠覆了西周的政权。后来，西周之地的大部分地区都被戎人占据。

到春秋初期，从西戎中分出了一支，他们率先接受了中原文化，并通过对附近戎人部落的征服，扩大了自己的领土，形成了秦国。

据说，秦国刚形成时是比较

落后的一个国家，为此，秦国经常受到周围的魏国的攻击。于是，秦厉共公和秦简公先后在黄河和洛水西岸修筑长城，用以自守，史称"堑洛长城"。

关于这段历史，在《史记·秦本纪》中记载：

> 十六年，堑河旁。以兵二万伐大荔，取其王城。
> 简公六年，令吏初带剑。堑洛。城重泉。

这里的厉共公十六年，便是公元前461年，简公六年则指公元前409年。"堑"则是长城的别称。

■ 秦长城古砖

按《史记》所记载秦厉共公和秦简公修建长城的时间推算，这座堑洛长城的修建目的在于防魏。这便是秦国在战国时期最早修建的一段长城，也是秦国数座长城中的重要长城之一，因为它位于秦国的东边，为此，它又被称为秦东长城。

这段堑洛长城是利用堤岸和岸边山崖改修而成，比较简单。据后来的考古研究证实，这段长城南起于陕西省华阴县东南地区华山脚下小张村，向东北行经华阴庙东北。

过沙渠河直达渭河之滨，渭河以北沿洛河南岸向西入蒲城境，过洛河，经商原，在长城村附近过洛河，沿洛河西岸北上，至白水县黄龙山南麓。

秦厉共公（？～前443年），秦悼公之子。公元前476年至公元前443年在位。在位期间，秦国国力强大，蜀、楚、晋等国皆来进贡。公元前467年，秦厉共公派兵攻魏城。公元前461年沿黄河修筑防御壕沟，以兵20000伐西戎大荔。

■ 秦长城石板

瓦当 俗称"瓦头"。是屋檐最前端的一片瓦，也就是滴水檐前端或位于其前端的图案部分。是古建筑的构件，起着保护木制飞檐和美化屋面轮廓的作用。不同历史时期的瓦当，有着不同的特点。秦瓦当纹饰取材广泛，山峰之气、禽鸟鹿獾、鱼龟草虫皆有，图案写实，简明生动。

后来，在华阴县城东和蒲城县东南等处，还有这段秦长城的遗址。

其中，蒲城段长城遗址共发现两处：

一处位于晋城村东北洛河右岸最高处的源头，遗迹为东西走向，长约400米，上夯下堑城墙遗址，基部利用自然地形。

另一处位于晋城村北的一条冲沟的南侧，其夯层清晰、纯净。

在这些遗址中，发现了大量战国时期的绳纹瓦片、云纹瓦当、生活器皿陶片和陶水槽残体。残存城墙多为下垫上夯，以自然河沟为依托，用自然河岸堑削为城。

这些发现说明，当年的秦东长城是就地取材，利用原有的长梁地形，上部施以夯筑。是人与自然的完美结合。

在这段长城遗址上，还有单烽和城上烽，单烽残存高4米至6米，体积庞大，烽顶残留面积为二三十平方米，说明建烽之初均有覆瓦建筑。

秦国自从修建这段长城以后，一天天地变得强大起来，直至进入秦穆公时代，秦国还参与了中原争霸，成为仅次于晋国、楚国、齐国的二等强国。

但是，就科学技术、文化等而言，秦国仍然不如其他国家。这个形势直至公元前361年商鞅变法以后改变，从此秦国变得更加强大。

不过，秦国虽然强大了，在秦国周围却还有很多势力依然威胁了秦国的政权。这些势力中，最为厉害的是居住在秦国偏西地区的"义渠戎"。

历史上，秦厉共公曾在公元前444年征讨义渠，并活捉了他们的首领。但这并没有影响义渠戎的势力。

至秦昭王时期，秦昭王决心一定要彻底消灭这伙势力，他便多次对义渠戎进行了征讨。后来，义渠王虽然逃走了，但是，义渠戎的军队并没有彻底消灭。为了防患于未然，在公元前306年，秦昭王命人在秦国的边界处，修建了秦长城。

关于此事，在《史记·匈奴列传》中，有这样的记载：

> 秦昭王时……杀义渠戎王于甘泉。遂起兵伐残义渠，于是秦有陇西、北地、上郡，筑长城以拒胡。

这座长城由于规模庞大，再加之修建长城的过程中，秦国一直战事不断，为此，此长城直至公元前251年才竣工。

秦昭王命人所筑的这座长城，从甘肃省岷县城西10千米开始，沿洮河东岸，至临洮县境内，复绕县城东

秦长城指纹砖

■ 古长城

行。经渭源，至宁夏回族自治区固原附近，再东经甘肃省环县北，循陕西省志丹、安塞等县境的横山山脉东行。

分两支：一支沿大理河与淮宁河之间的分水岭东行经绥德县西，再往北止于榆林县东南境；一支转向北，经陕西靖边县东，再北折东行，经榆林县东北、神木县北，进入内蒙古自治区南境的伊金霍洛旗，东抵准格尔旗东北的十二连城。整个长城全长约为750千米。

因为这座长城是秦昭王命人始建的，为此，这座长城被称为"秦昭王长城"，又因为这座长城的修建年代是在战国时期，为此，后人们又称它为"战国秦长城"。

这座战国秦长城，由于修建历史年代的久远，再加之后来的秦始皇又重建了部分长城路段，为此，它保留到后来的遗址主要有临洮战国秦长城遗址、渭源战国秦长城遗址和固原战国秦长城遗址等。

其中，临洮战国秦长城遗址首起于县城北15千米的新添乡南坪村杀王坡，然后由南坪北庄山顶而下，经过长城巷村、峡口乡湾脑、长城岭、八里铺乡、沿川子乡、塔湾乡蔡家岭、尧店乡花麻沟、石家楼乡、杨家山，到长城坡关门前咀，过夹槽梁、老王沟口进入渭源县境，自西向东穿越临洮县40余千米。

这些遗址上的城墙、城障、烽燧全由黄土或砾石混合黄土夯筑而成，夯层清晰可见。虽然经风化雨蚀，但仍可领略当年的雄姿。

这段长城中，临洮境内保护最好的要算长城岭上的那一段。经测量，这段长城长1.7千米，墙高2.5米，顶宽3米，底部宽5米至8米。版筑夯层厚0.08米

洮河 我国黄河水系上游的重要支流，发源于青海省河南蒙古族自治县西倾山，曲折东流过碌曲、临潭、卓尼县城南，至岷县茶埠急转向西北，出九甸峡与海奠峡后，穿临洮盆地，于永靖县注入刘家峡水库。全长673千米，流域面积2.55万平方千米。

■ 古老的长城

筒瓦 战国时期的建筑材料。用于大型庙宇、宫殿的窄瓦片，制作时为筒装，成坯为半，经烧制成瓦。一般以黏土为材料。战国时期城市建设日益发达，随之而起的是砖瓦、筒瓦制陶工艺的发展。这时，筒瓦上几何印纹硬陶的发展，使它成为建筑材料的理想选择。

至0.13米。遗址上的暴露遗物有长达0.7米的筒瓦和长0.6米，宽0.5米的板瓦，其表面有细绳纹和挂板纹饰，皆系秦长城构件。

在秦昭王时期，陇西郡的郡治狄道，便是后来的甘肃临洮，这个地区当时管辖着西至洮河，东至陇山，陇南的大部分地区。

后人为了证明临洮境内的长城便是秦昭王时所筑，有关专家还对长城遗址上出土的板瓦、筒瓦进行了鉴定。

发现这些瓦的尺寸、纹饰都不同于秦汉时的瓦，是典型的战国瓦。经此推测，临洮战国秦长城遗址便是属于秦昭王长城的一部分。

据说，临洮秦长城的修筑，对于拱卫陇西郡及保护由秦都咸阳通向西北重镇的通道起了重要作用。同时还有效地保护了洮河以东的农业生产。

■秦代长城石块

■ 秦昭王长城筒瓦

在我国历史上的三国时代，它还是控制陇蜀的战略要塞。239年，蜀将姜维伐魏，扬言要进攻狄道。魏将陈泰先占要塞，姜维只好烧营而去。后来姜维又先后4次率兵围攻狄道，因魏军占领有利地势和要塞，最后只好不战而还。

战国秦长城中的渭源长城遗址西起临洮东三十里铺的杀王坟，从东峪沟长城坡，上阳山，再进入渭源县境内。

经地儿坡、樊家湾、文昌宫、秦王寺、石堡子、陈家洼、方家梁、城壕、高咀山、马家山、下盐滩、阳山等4个乡镇14个村，盘桓37千米，从野狐湾进入陇西县境。

这段古老的长城，大部分地段残高在3米左右，少数地段超过10米，沿城垣起伏，每隔0.5千米有小烽燧，5千米有一大烽燧，雄伟壮观。城垣下夯层清

绳纹 古代陶器的装饰纹样之一。一种比较原始的纹饰，有粗绳纹和细绳纹两种。绳纹是在陶拍上缠上草、藤之类绳子，在坯体上拍印而成的，有纵、横、斜，并有分段、错乱、交叉、平行等多种形式。是新石器时代至商周时期陶器最常见的纹饰。

秦长城古砖

伟大的长城

晰，秦瓦遍地。除了临洮秦长城和渭源秦长城，在战国秦长城中，保存较好的还有著名的固原战国秦长城遗址。

这座长城宛如一条巨龙，起自甘肃省临洮县的洮河谷地，途经渭源、陇西、通渭、静宁县，顺葫芦河东岸经北峡口从闫庙进入宁夏回族自治区西吉县。

经黄家岔、玉桥、张结子、好水川口、单民、兴隆镇、谢家东坡、王家湾、韩家堡至将台。在将台以90度角转折向东，顺马莲河河谷至马莲水庙出西吉而进入固原县的张易乡，至黄堡东，转折为东北方向，进入红庄乡。

长城过红庄后进入滴滴沟，出滴滴沟山口后至孙家庄、白家湾，在这里又转折向东，经过吴庄、闫家庄，至明庄西北，便分为两道，形成"内城"和"外城"之分。

内城从明庄过公路，便爬上固原城西北5千米的一道顺向小丘陵上，经郭庄、十里铺过清水河后至沙窝；外城向西北形成一个不规则的弓背状，经乔洼过清水河，过河后再折向东南至沙窝，与内城合二为一。

内城与外城遗迹形成极为鲜明的对比。内城城墙高大、宽厚、完整，城线笔直如划，气势雄伟巍峨。全线约8千米长的内城遗迹保存较完好，除后来的公路及少数后期冲沟穿破外，全线基本上不曾中断。每200米至230米便有一个城墩，垂直高一二十米。

外城已残毁不堪，大部分夷为平地，残留的城墩多为两三米高，大部分看不到城墙。

长城过沙窝后爬上程儿山，经阳洼以南、中庄乔家沟，上黄水庙、王家嶮岘、黄家庄而出固原县进入彭阳县川口乡的黄湾以北、彭阳乡的姜洼、丰台、阳洼、嶮岘前洼、陡坡子、李岔、城阳乡的瑶湾、白岔、乔渠、长城白马庙、祁家庄、张沟圈、小庄、施坪。从刘家堡子出彭阳县，又进入甘肃省镇原县的孟家塬。

在祁家庄和小庄之间的转弯处，有一节多出长城主线1千米而伸向正南张沟圈村的长城。

说明在长城施工之前，曾经有过系统而精心的地理位置勘察，施工中有统一的技术规范要求。但由于政区的分工，两个政区之间并未完全同步施工，因此，长城在此处又向东北形成一个90度的转向。

整个固原长城在固原地区境内经过西吉、原州和彭阳两县一区。

固原附近的明代长城

由甘肃省静宁县进入西吉，途经原州、彭阳等地，取东北方向进入甘肃省镇原县武沟乡，全长大约200余千米。

这段长城虽然经过了2000多年风雨侵蚀和破坏，但其轮廓犹存，断断续续连成一体。保存较好的有红庄乡的红庄村、西郊乡的长城梁、明庄、郭庄、彭阳的长城塬等段长城。

保存较好段长城残高2米至10米，基宽8米至10米，墙体敌台残高5米至20米，台面外凸，间距200米。固原秦长城采取复线修筑设防，这种独特形式是我国长城建筑中罕见的。

另外，这段城的筑城方法采用在平地处由墙外取土，自然形成沟壕，相对增加了墙体的高度；在河沟处，利用河沟陡立的崖壁，削壁而成。在长城内侧，还有墩台、城障和较大的城址。

墩台是传递军情的建筑，设在视野宽广的"四顾险要之处"。城址是驻兵储粮之所，是前沿的指挥中心，建在交通要道和险要山口之处。长城、城障、城址构成一个完整的军事建筑体系，显示了古代劳动人民的聪明智慧。

后来，人们为了区别战国时期两个阶段形成的秦长城，又称秦昭王长城为"秦北长城"。

阅读链接

在渭源战国秦长城的脚下，还有一座著名的秦王寺，传说是后来的秦始皇西巡陇西郡郡治狄道时，途经这里住宿一夜，后人为纪念秦始皇西巡而修建的。

这秦王寺原有寺庙建筑一进三院，雄伟壮观，山门外有戏楼会场，寺后院有一深井，名称"秦王饮马井"，井旁有一棵千年古树，叫"秦王拴马树"，寺内有一口1465年陇、渭、临三县集资筹造的，直径为2米、高3米，重2400千克的大钟，是非常罕见的。

魏国为防御修建东西两长城

在春秋战国时期，魏国是战国七雄之一，国都地处河南省、陕西省境内，为其他列强国家所包围。

公元前4世纪时，正当赵国连续几次对中山国进行侵犯的同一时期内，魏国旁边的秦国也多次对魏国和秦国的交界处阴晋邑等地进行侵犯。

据《史记·魏世家》记载："三十六年，秦侵我阴晋。"

公元前369年，秦国派商鞅打败魏国收复了河西之地，魏惠王

■ 商鞅（？～前338年），战国时代政治家、改革家，法家代表人物，卫国国君的后裔，姬姓公孙氏，故又称卫鞅、公孙鞅。后因在河西之战中立功获封于商十五邑，号为商君，故称之为商鞅。商鞅通过变法改革将秦国改造成富裕强大之国，史称"商鞅变法"。

少梁 为古梁国封地。少梁北枕黄龙山地，南临渭河平原，东依黄河天险。是关中的北门，山陕交通的咽喉要道。是黄河西岸的一个水路交通要塞，这里是有名的黄河少梁渡口，是东西水路交通的枢纽，这里有一条贯通南北的大路从中通过，是南北交通唯一的通道。所以，它便成为古代军事上兵家的必争之地。

■ 朝元洞魏长城夯土墙

下令将都城从安邑，也就是山西省夏县迁至大梁，也就是河南省开封市。

此后，为了加强西部边境的防御，从公元前361年至公元前351年，魏惠王命人在与秦国接壤的西边地区修筑了长达500千米的河西长城。

关于这段历史，在《史记·秦本纪》记载：

公元前362年，秦攻魏少梁，破魏军，擒魏将公孙痤，为抵抗秦军入侵，魏国于公元前358年，开始在黄河以西与秦交界处修筑长城。

在古籍《水经注》中，也有这样的记载："梁惠成王三十二年，龙贾率师筑长城于西边。"

而古籍《史记·匈奴列传》中则说："魏有河西上郡，以与戎界边。"

从这里可以看出，当时魏国的河西长城除了防御秦国的骚扰之外，还同时防御旁边的另一国家西戎。

至公元前350年，魏惠王又命人修建了一座保

■ 古代长城遗迹

卫国都大梁的河南长城。关于这段长城，在《后汉书·郡国志》记载："卷有长城，经阳武到密。"

至此，魏国完成了河西长城和河南长城的修建，这两座长城被统称为魏国长城。

那么，魏国的河西长城具体在什么位置呢？据《水经注》记载："渭水又东，径长城北，长涧水注之。水南出太华之山，侧长城东而北流，注于渭水。"

《史记》中也记载："秦孝公元年，楚、魏与秦接界，魏筑长城自郑滨洛者也。渭水……西北入长城，城自华山北达于河。魏西界与秦相接，南自华州郑县，西北过渭水，滨洛水东岸，向北有上郡鄜州之地，皆筑长城以界秦境。"

也就是说魏国河西长城，南起于陕西省华阴县西南、华山南麓之朝元洞，濒长涧河西岸北抵渭河，

华山 我国著名的五岳之一，海拔约2100米，位于陕西省西安以东120千米，历史文化故地渭南市的华阴市境内，北临坦荡的渭河平原和咆哮的黄河，南依秦岭，是秦岭支脉分水脊的北侧的一座花岗岩山。华山有东、西、南、北、中五峰，主峰有南峰、东峰、西峰，三峰鼎峙，人称"天外三峰"。

■ 长城上的烽火台

过渭河后，再北越洛河，然后循洛河东岸西行，至大荔县许原北之长城村，长达500千米。

这一段长城，据后来的学者勘查，遗迹后来一直存在，位置可以肯定。但由长城村向北经由之地，曾有过不少说法，都有一定的文献根据，未能统一。

后来，根据实地勘察情况，认定北段是由长城村经澄城东略向西北，然后转趋东北，延伸至陕西省合阳、韩城境内，抵达黄河西岸。断断续续长达200多千米。而《史记正义》上所说的"向北有上郡鄜州之地，皆筑长城以界秦境"的长城则没有被发现。

这段河西长城由黄土夯筑，宽三五米，高五六米，从遗址上看出，这段城墙曾经经过多次修缮。

这段长城中，尤以华阴县城东魏长城最为著名，这段长城的遗迹大部分保留在地面上，遗迹共有12处，保存最长的有700米，最宽的20米，最高的

18米。

如朝元洞西北发现一段魏长城计长500米，宽21.6米，高14.1米。南洞村西北发现一段长城计长180米，宽20米，高2.6米。北洞村北有一段长城计长100米，宽15米，高16米。

洪崖村有一段长城计长700米，宽18米，高2.2米。党家伙以北有一段魏长城计长550米，宽6米，高18米，这段长城保存比较完整，南北略呈直线。

西关堡以北有一段长城计长700米，宽16米，高8米。风箱城东南有一段魏长城计长500米，宽一两米，高3.8米。

另外，少部分地方因挖土和河水的冲刷破坏，地上已无长城的遗迹。特别是从风箱城以北至渭河一段，地势很低，均为河滩，地上已无长城的遗迹，推断原来风箱城以东至渭河是有魏长城的。

夯土建筑 夯土是古代建筑的一种材料，我国古代建筑材料以木为主角，土为辅助，石、砖、瓦为配角。在古代，用作建筑的土大致可分为两种：自然状态的土称为"生土"，而经过加固处理的土则被称为"夯土"，其密度较生土大。我国古代的城墙、台基往往是夯筑的。由这种材料修建的建筑称为夯土建筑。

■ 长城脚下的民居

据探测华阴魏长城的起点在朝元洞东南约150米处的华山山麓，东边是长涧河，夯土建筑在距地表约5米的生土上，推断魏长城是利用较高的山麓地势构成的。

华阴魏长城沿着弯弯曲曲的长涧河向北延伸，随着河道的拐弯长城的弧度也较大，有的略呈直线。

至于魏国河南长城的位置，据《水经注》上记载可知，这段长城自河南省原阳县旧原武西北处的卷县阴沟开始，经大河故渎东，在阳武跨过阴沟左右二渎，过北济水、南济水，又经管城，往西南至于密。

也就从河南省旧原武西北，东经原阳县境转向东南再折而向西南过郑州直达密县境内，全长共约300千米。

据后来的考古工作者考察，此座长城在所经的郑

■ 古长城烽火台

州、密县发现两处遗址。

一处是郑州青龙山长城遗址，为连绵的夯筑岗丘，呈西北东南走向，长约3千米；另一处是位于密县县城西北尖山乡、米村乡的小顶山、香炉山、蜡烛山、五岭山上，南北走向，长约5.8千米，墙基宽2.5米，高2.5米，由青石砌筑而成。

当年，魏国修成河西长城和河南长城以后，本来是想避免秦国的战事骚扰的，然而，秦国和魏国边境的战事却一直不能避免。

公元前354年，秦国夺取了魏城少梁；公元前352年，秦国又向魏河东发起了进攻，取安邑，即山西夏县；公元前351年，秦国攻下魏国的固阳；公元前340年，秦国主将卫鞅率兵攻打魏军，大破魏军，俘虏魏国大将公子卯，至此，魏国国势渐衰。

至公元前332年，魏惠王将阴晋邑献给秦国以求

郑州青龙山 其实是一座土山，更确切地说是沙土组成的土丘，它位于管城区小店村东南。追溯青龙山的历史渊源非常困难，因为在郑州的相关史料中，找不到记载青龙山的只言片语。不过，在郑州的乡间野史中，青龙山这个名字源自明代一出名叫《青龙山马龙造反》的戏剧。青龙山北边是陇海铁路，西边是李南岗村，如一条青龙卧于地上。

和，秦方改阴晋为宁秦县。

从这些历史演变中，可以看出，尽管魏国修建了河西长城和河南长城，但魏国并没有因此而变得非常强大，至公元前225年，魏国终被秦国所灭。

虽然魏国在后来不复存在，但从魏长城的遗址上可以看出，魏国长城当年宏伟壮观的气势可见一斑，它在我国的长城史上涂上了难以抹杀的一笔。而且，它比著名的秦长城要早100多年。

魏长城遗址有较高的文化研究价值，它是研究我国古代政治、经济、军事、文化的可靠资料和凭证，被列为国家级重点保护文物。

阅读链接

关于魏国河西长城的修筑时间，在我国的历史上，有两种说法：一种是《秦本纪》中称，魏国的长城始建时间是公元前361年；另一种是《魏世家》和《六国年表》中说，魏国的长城始建时间是公元前352年。

这样一来，魏国长城的始建时间便先后相差9年之久，那么，究竟哪一种说法才更接近事实呢？

相关学者经研究后认为，《秦本纪》中所指的秦孝公元年是始建时间更接近事实。

因为在古籍中，在秦孝公元年以前，是没有见到魏国修建河西长城的任何记载的，这就排除了秦孝公元年以前筑有长城的可能性，所剩下的可能性，便是秦孝公元年魏国曾筑有长城，否则就不会有这种记载。

再者，魏国的河西长城的建筑规模本来就很庞大，绝非是一年时间就可以修成的，为此，后人认为，这座长城应该是秦孝公元年开始修筑，前后持续了10年之久。

历代长城

公元前221年，秦始皇统一中国，建立了秦朝，并命人以战国时期燕国、赵国和秦国在北方所筑的长城为基础，修缮和增筑了我国第一条长达万里的长城。

公元前206年，西汉皇帝先后命人筑成了一条全长近1万千米的长城，成为我国历史上第二座万里长城。

从南北朝开始，先后统治我国北部的北魏、东魏、西魏、北齐、北周，以及以后的辽、金、元等朝代的少数民族统治者，为了防止其他少数民族的侵扰，也不断地修筑了长城。

秦始皇为防胡人建万里长城

秦始皇蜡像

公元前221年，被后人称为"千古一帝"的秦始皇嬴政，建立了我国历史上第一个统一的多民族的封建中央集权制国家，实现了我国历史上第一次民族大融合。

作为统一的标志和措施，秦始皇颁布了一系列法令，如废除分封制，设立郡县制，统一了文字、法律、货币、度量衡等。

不过，在大秦帝王将新政推向全国的过程中，遇到了意想不到的困难，为了获得民众

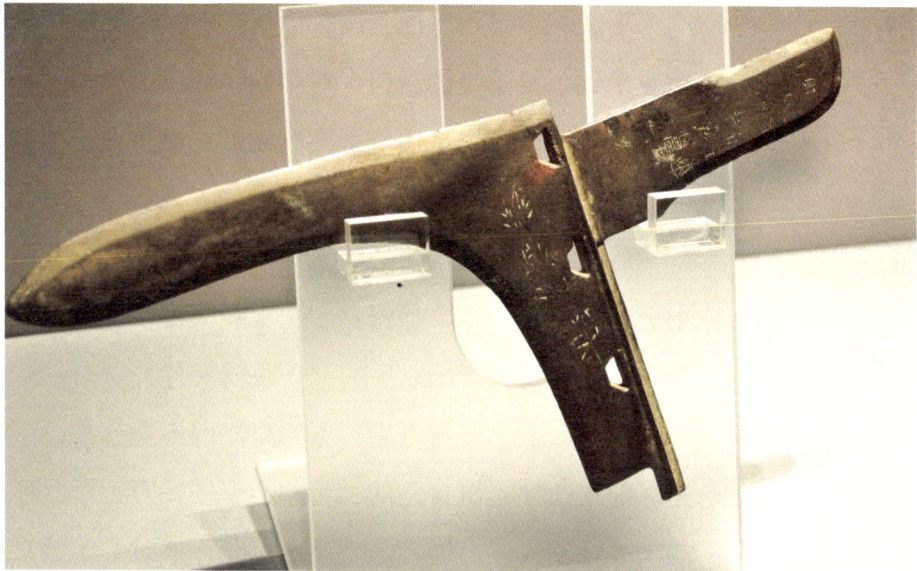

■ 秦代兵戈

对大秦帝国的认可，安定天下民心，秦始皇在完成统一大业之后的第二年，也就是公元前220年，开始不断地巡游天下。

秦始皇巡游的地点先是选择在秦国境内，试行一年之后，逐步推广到秦国以外的领地。

公元前219年，秦始皇从陕西省咸阳出发，经齐地也就是后来的山东省，到达海边，又转经江苏、湖南、浙江、湖北等地返回咸阳。其行程几乎遍及整个中国。

在秦始皇巡游各地之后，他的思想意识受到很大冲击，思维方式也受到很大影响。因为，秦始皇在巡游后发现，自己最初的领土秦国在战国七雄中处于西部边陲，论武力或许可以雄霸天下。但若论发达程度，无论是文化还是经济，却与齐国等中原核心地带相比都有着不小的差距。这些新的发现让秦始皇大开眼界。

分封制 也称分封制度或封建制，是我国古代帝王分封诸侯的制度，由朝廷给王室成员、贵族和功臣分封领地，属于政治制度范畴。我国古代宗法制是分封制的基础，在家庭范围是为宗法制，在国家范围是为分封制。诸侯的君位世袭，在其国内拥有统治权，但对天子有定期朝贡和提供军赋、力役等义务。

郡 我国古代的行政区划单位之一。始见于战国时期。秦统一天下设三十六郡，后汉起，郡成为州的下级行政单位，介于州刺史部和县之间。隋朝废郡制，以县直隶于州。唐朝置道、州、县，武则天时曾改州为郡。明清称府。

■ 秦军武士雕像

不久，当秦始皇回到国都以后，有一个原燕国人卢生来到了秦始皇的身边，对秦始皇介绍"鬼神"之事。从此，这位卢生便作为秦始皇的宠臣留在了他的身边。

后来，卢生还带给秦始皇一本《录图书》，这本书上记录着一个惊天秘密："亡秦者胡也。"这个秘密的意思是说，秦国以后的灭亡跟胡人有关。

在得知这个秘密以后，秦始皇立即不安起来，于是，他很快便派出自己的大将蒙恬率领30万大军北征胡人，把胡人逐出河套赶到阴山以北。这时，秦始皇仍然不放心，为了防患于未然，他又不惜血本，征用70万劳工，历时多年，起临洮止辽东，绵延万里大规模修筑长城，把胡人彻底赶到长城以外，以免胡人灭秦。

关于这段历史，在《史记·秦始皇本纪》中有清楚的记载：

三十二年……始皇巡北边，从上郡入。燕人卢生使入海还，以鬼神事，因奏录图书，曰"亡秦者胡也"。始皇乃使将军蒙恬发兵三十万人北击胡，略取河南地。

三十三年……西北斥逐匈奴。自榆中并河以东，属之阴山，以为四十四县，城河上为

塞。又使蒙恬渡河取高阙、阳山、北假中，筑亭障以逐戎人。徙谪，实之初县……三十四年，适治狱吏不直者，筑长城及南越地。

另外，在《史记·六国年表》中也有相关的记载：

三十三年，筑长城河上，蒙恬将三十万。三十四年，适治狱不直者筑长城。

■秦军铠甲

《史记·蒙恬列传》中也记载：

乃使蒙恬将三十万众北逐戎狄，收河南。筑长城，因地形，用制险塞，起临洮，至辽东，延袤万余里。

由蒙恬将军带人修筑的这条秦长城主要是以燕、赵、秦三国长城为基础修筑的，总长度约为5000多千米。这座长城因为长达万里，所以被后人称为"万里长城"。这座长城大体分为西、中、东三段。

其中，西段长城是凭借黄河天险而成，以障塞城堡为主，不全是互相连属的长城。

而当年横贯甘肃省、宁夏回族自治区南部、陕

蒙恬（？～前210年），秦始皇时期的著名将领，被誉为"中华第一勇士"。蒙恬出身于一个世代名将之家。祖父蒙骜、父亲蒙武均为秦国名将。蒙恬深受家庭环境的熏陶，自幼胸怀大志，立志报效国家。蒙恬率30万大军北击匈奴，征战北疆10多年，是我国西北最早的开发者，也是古代开发宁夏的第一人。

毛石块 不成形的石料，处于开采以后的自然状态。它是岩石经爆破后所得形状不规则的石块，形状不规则的称为"乱毛石"，有两个大致平行面的称为"平毛石"。乱毛石一般要求石块中部厚度不小于1.5厘米。平毛石形状较乱毛石整齐，其形状基本上有6个面，但表面粗糙，中部厚度不小于两厘米。

北、内蒙古的西南至东北向的秦昭王长城已失掉防御作用，所以，后人推断，秦始皇万里长城西段不是建在战国秦长城基础上的。

为此，我国考古学者们认为，此段长城遗址还有待进一步考察证实。

长城中段，大致走向自东经114度以西至106度之间，沿北纬41度左右，由内蒙古自治区兴和县北经黄旗海北岸，绕过集宁北境。

顺大青山而西，经察右中旗，武川县南部的南乌兰不浪，固阳县北部的大庙、银号、西斗铺，然后北依阴山，南障黄河后套，经五原、杭锦后旗北境，西抵乌兰布和沙漠北缘。

这段长城部分利用了战国赵北线长城的基础，但更多的是由蒙恬将军命人在秦始皇时期筑成的。

此段长城的建筑基本依托大青山和阴山，多用毛

■ 秦代长城遗址

石块垒砌。后来，我国的文物工作者在阴山北麓，考察了一处长450千米的秦始皇长城。

■ 蒙古境内的秦长城遗址

长城东端在呼和浩特北郊的坡根底村与赵长城相衔接，向北偏西方向，翻越阴山到武川的什尔登古城，沿大青山北麓至固阳县空村山，阿塔山北麓，再向色尔腾山的中支查尔泰山北麓西行。

在乌拉特中旗沿狼山南支的北麓迤逦而西，直至临河北的石兰计山口，保存好的地段长城一般高五六米，顶宽3米，隔一两千米有一小烽火台，隔5千米有一座大烽火台和驻军营盘。

在乌拉特中旗南部还发现用石块垒砌的墙面有多次修缮的痕迹，基宽4米，高达四五米。

在沿长城内外，在连绵的山巅上，还有用石块垒成供传递军情用的史称"烽燧""亭燧""烟墩"的烽火台，山谷间的通道则构筑了一系列史称"障塞"的城堡。

乌拉特中旗 位于我国内蒙古自治区西部，北与蒙古国交界，有国界线184千米。东与包头市达尔罕茂明安联合旗、固阳县为邻，南与乌拉特前旗、五原县、临河市、杭锦后旗相依，西连乌拉特后旗。全旗呈不规则四边形，总面积23096平方千米。

■ 河北境内的秦长城遗迹

城障 长城险要处所修筑的供官兵驻守的小城，一般指秦汉时期沿长城建造的用以阻挡匈奴进犯的小城堡，也称障。在我国内蒙古巴音诺洛、苏亥等地发现有4座类似的小城遗址，大小相似、形制相同，平面为正方形，边长约45米，仅一面设门，四角有斜出的墙台。

在固阳县银号乡见到的秦始皇长城，用大型方整的石块砌里外两壁，中间填以小块石头，墙面平整坚固，这里的长城用黑褐色的石片砌筑，外侧残高约三五米，内侧一两米，顶宽2米左右。

此外，在固阳县境内，还有一处横穿固阳3个乡镇，长达120千米的万里长城遗址。

这段长城多半修筑在山峦的阴面半坡上，依山就险，因坡取势，就地取材。保存较为完好的秦长城是固阳县九分子乡那一段，长约12千米，城墙外侧有5米高，内侧有2米高，顶宽2.8米，底宽3.1米，墙体多以黑褐色厚石片交错叠压垒砌而成。

从这段遗址还可以看到，筑长城的民工和驻兵是把附近的山石一块块切割下来，磨平后干砌在城上，每块石片重的约有二三十千克，轻的约有四五千克，这样干砌起来的长城，历经千年而不塌。

历经2200多年的风吹日晒、雨雪冲刷，长城石块原来所用的青色、半黄色石料，至后来，表面已蒙上了一层黑色、棕黑色的氧化物。站在高处，依然可见这段秦长城顺山势上下。

在城墙内侧，每隔1千米设一座烽火台。固阳段内共有烽火台4座，也都以石块干砌而成，成为著名的烽燧遗址。

烽火台多设在视野宽广的山巅，与长城垂直距离。离烽火台不远的高地上，有房子坍塌后留下的石墙圈遗迹。这乃是驻兵的哨所。

史料记载的用木料泥土毡做的房顶早已不存，但看到这些供驻兵戍守用的房子遗迹，人们会很自然地和史书上长城"亭"的建制联系起来。

在重要的山口和关隘处，往往有城障，城障是附属于长城的军事城堡。在秦长城内外，常可觅得秦国至西汉初年的陶片。

亭　是我国传统建筑，多建于路旁，供行人休息、乘凉或观景用。亭一般为开敞性结构，没有围墙，顶部可分为六角、八角、圆形等多种形状。亭子在我国园林的意境中起到很重要的作用。亭的历史十分悠久，但古代最早的亭并不是供观赏用的建筑，而是用于防御的堡垒。

■ 秦代长城遗迹

■ 卫青（？～前106年），西汉武帝时的大司马大将军，是历史上出身最低、功劳最大、官位最高的代表人物。他首次出征奇袭龙城打破了自汉初以来匈奴不败的神话，曾七战七胜，以武钢车阵大破伊稚斜单于主力，为北部疆域的开拓做出重大贡献。卫青善于以战养战；用兵敢于深入，奇正兼擅；为将号令严明，与士卒同甘苦；威信很高，位极人臣，但从不养士。

在色尔腾山的高处，有一座高耸的汉代名将卫青的雕像，是后人为纪念他在此地打败入侵的匈奴而建造的。

在这段秦长城约3千米的内侧，朝南凿刻着百余幅阴山岩画，有北山羊、骆驼、驼鹿、舞者、骑士等，还有突厥文形的符号，造型生动，形象逼真。

这些岩画对于研究我国古代北方游牧民族古代经济文化具有重要价值。

这些岩画多以简练流畅的线条勾画形象。有幅岩画画了一只山羊，长角弯曲，身体肥壮，短尾上翘，呈静立状态；另一幅岩画描绘了一个牧人放牧的情景，牧人策马前行，举臂向后，仿佛在呼唤身后的山羊，具有浓厚的北方游牧民族的生活气息。

据说，这些作品可能是修长城的工匠和驻军在修筑长城时的业余时间创作的。在秦长城附近，还有蒙恬大将的点将台、匈奴万箭穿石处等历史遗迹。

万里长城东段，大致走向自东经114度内蒙古化德县境，沿北纬42度往东经过河北省康保县、内蒙古自治区太仆寺旗、多伦县南、河北丰宁、围场县北、

突厥文 是公元7至10世纪突厥、回鹘、黠戛斯等族使用的拼音文字。又称鄂尔浑叶尼塞文、突厥卢尼克文。通行于我国新疆、甘肃境内的一些地方。突厥文各种文献中所用字母数目不一，形体多样，一般认为有38个至40个。大部分源于阿拉米字母，词与词之间用双点分开。行款一般为横写。

内蒙古自治区赤峰北境及奈曼与库伦旗南境、辽宁省阜新市北，至东经122度之间。

这段长城或沿用战国燕北长城旧迹或是由蒙恬将军命人在秦始皇时期筑成。

辽河以东，据文献记载，秦始皇长城一直延伸至朝鲜境内平壤大同江北岸，但后来的考古学者并未发现其明显遗存。

辽河以西的长城中，据后来的文物考古工作者考察发现认为，秦始皇万里长城要比燕北长城靠北，过去称为康保三道边即由内蒙古化德、康保东去和赤峰最北面一道长城。

在这东段万里长城中，保存到后来的还有一段在包头境内，累计长度约为120千米。

这段长城多半修筑在山峦北坡，依山就险、因坡取势，山谷隘口及平川地带多用夯土筑成，山地则多用石砌或土石混筑，一般石砌长城遗迹保存尚好。

阴山岩画 岩画，顾名思义就是雕琢或绘画在岩石上的图像。它以古朴、粗犷、凝练的画风和丰富而独特的文化内涵，引起了国内外学术界的普遍关注。阴山岩画早在5世纪就被北魏地理学家郦道元所发现，并把它写进了著名的《水经注》里。这些岩画全长约为300千米。

■ 阴山岩画一角

■ 赤峰秦长城遗址上的明长城

敖汉旗 地处内蒙古努鲁尔虎山脉北麓，科尔沁沙地南缘，背靠赤峰，东临哲盟奈曼旗，西与辽宁省建平县接壤，敖汉旗南与辽宁省北票市、朝阳市相连，北与赤峰市松山区、翁牛特旗隔老哈河相望，是全国闻名的文物大旗。在8300平方千米的土地上分布着不同时期的古代遗址4000余处。

后来存在的一般为外壁高度在4米以上，基宽4米，顶宽2米左右。站在高处，依然可见长城顺着山势上下，状若游龙，每隔一段尚能辨清古代烽火台和障城的遗迹。

在包头秦长城内外，还有八九座古城遗址，其中，还可以找到秦国至西汉初年的陶片。

此外，在秦始皇长城东段沿线处，还有许多城池、障城和烽火台一类的防御建筑设施。

如赤峰、围场、丰宁一带的秦始皇长城，建在山岭上的取自然石块垒砌。方法是内外两侧用较规整的自然大石块，中间填以乱石碎块或砾石，基宽一般为两三米，横断面呈梯形，下宽上窄，估计当时城墙高度约三四米，顶宽1米左右。

在石筑城墙残基上，有的地段还有明显的接痕墙缝，这些证明当时筑造长城是按地区分段施工的。

在敖汉旗以东一段长城建在丘陵间，则多为以土夯筑或土石并用。

从后来存在的秦始皇长城的遗址上看，秦代的万里长城"因地形，用制险塞"，表现在长城大多建在山梁上，而且内侧为缓坡。

在长城穿越河谷的地段，或以沟堑代替墙壁，或在河谷一侧增筑一段平行的墙壁，两山之间则用天然石块砌成石墙，形成"石门"。

有的还开有"水门"，在长城穿越山谷要道的地方，往往于深入山口处的陡立峡谷中切断山路，筑起一条如同封山水库大坝一样的石筑或土石混筑的"当路塞"，并在"当路塞"的侧旁修建城堡。

历史上，秦始皇修建这条万里长城是为了永葆"子孙帝王万世之业"的，但是，就在这条万里长城建成后没几年，秦始皇就病死在寻求长生不老药的途中。

后来，由于种种原因，秦朝在秦始皇死去后不久便走向了灭亡。

秦朝灭亡了，但秦始皇修的万里长城却作为我国第一次大统一的象征留存了下来。秦长城不仅在构筑方法上有自己的风格，而且在防御设施的建置上也有一定的特色。

秦长城以石筑见称，雄伟壮观，汉代沿用，是我们中华民族的瑰宝，也是世界建筑史上的奇迹，更是我们中华民族辉煌历史、灿烂文化的象征。

阅读链接

在固阳县秦长城红石板沟段有一处豁口，关于这段豁口的来历，传说和一个叫作孟姜女的有关。

相传，这位孟姜女是杞梁的新婚妻子。在他们两人的新婚之日，由于秦国要修建长城，官兵便把杞梁征去修长城了。

后来，孟姜女历经千辛万苦去修长城的地方寻找自己的丈夫，却发现，杞梁已经死在了长城上。

孟姜女非常伤心，便在那段长城上哭了起来。结果，那段长城便轰然倒塌。这便是红石板沟那段长城豁口的来历。

不过，关于孟姜女的传说，也有一种说法说是发生在战国时期的齐国。但不论这件事发生在哪个朝代，有一点可以肯定的是，这个故事再现了当时数十万劳工筑长城时风餐露宿，艰难地开山凿石的苦难和牺牲，再现了我中华民族的伟大创造。

汉代时修成第二座万里长城

公元前202年，汉高祖刘邦称帝，建立了汉朝。

第二年，为了巩固汉朝根基，刘邦下令修缮了秦昭王时所筑的秦昭王长城。

据《史记·高祖本纪》记载："置陇西、北地，上郡、渭南、河上、中地郡；关外置河南郡。更立韩太尉信为韩王。诸将以万人若以一郡降者封万户。缮治河上塞。"

一年后，北方的匈奴进攻马邑，也就是山西省朔县东北地区。

因汉将韩信投降，匈奴南下雁门，围攻太原。刘邦亲率32万大军迎战，却被围困于今山西省大同东北的白登山上达7日之久。最后，刘邦采用了陈平的计策，才得以突围。

汉高祖刘邦雕像

■ 汉代长城遗址

此后，在惠帝、吕后、文帝和景帝的六七十年间，汉代都对匈奴采取了和亲政策。

同时，在汉代文帝和景帝的治理期间，汉朝经历了"文景之治"，变得一天比一天强大。但是，与此同时，北方的匈奴势力也越来越强大，常侵犯汉朝河西一带，劫掠财粮牲畜，骚扰汉民农耕。这让汉朝子民很生气。

公元前140年，汉武帝刘彻即位，为使汉朝边疆得到安宁，汉武帝毅然采取积极防御的战略方针，以攻为守，主动出击。

公元前133年，汉武帝派马邑人聂壹，引诱匈奴单于取马邑，又命大将李广、韩安国等率兵30余万埋伏于城外，俟机出击。可惜的是，汉武帝的这一策略被匈奴识破，匈奴带着兵马逃走了。

之后，汉武帝又多次采取大规模的军事行动进行

文景之治 指我国西汉汉文帝、汉景帝统治时期。汉初，社会经济衰弱，朝廷推崇黄老之术，采取"轻徭薄赋""与民休息"的政策。文景两代采取了上述一系列措施的结果，使当时社会经济获得显著的发展，封建统治秩序也日臻巩固。

汉代长城遗迹

朔方郡 我国汉代的北方边郡之一。朔方郡设置于西汉武帝时期。朔方郡辖地位于黄河河套的西北部，当时黄河流经临戎县城北，分为南北两支，南河就是现在的河道，北河是当时的主流，约为后来的乌加河河道。

西征。打败匈奴后，他开始向河西迁徙汉族居民，然后进行农业开发，紧接着在这里驻扎军队，修筑长城，以阻止匈奴的再次入侵。

据历史文献记载，汉武帝派兵修筑汉代长城事件大体可以分为5次，其中大规模修建的就有4次。

第一次是公元前130年，汉代将士在第一次北去匈奴前三年，武帝"发卒万人治雁门阻险"。这是对北击匈奴所做的准备工作。

但汉代军士真正较大规模地修筑长城当属公元前127年。在这一年，汉武帝发动了漠南之战，派两路大军北征匈奴，一路由将军李息率领出代郡向东吸引匈奴主力；另一路由将军卫青率领出云中向西突袭匈奴右部。

卫青领兵出云中之后，沿着黄河向西横扫直至陇西，夺取了具有战略意义的河套地区。汉武帝又采纳主父偃的建议，在河套地区设立朔方郡，徙民10万人居住。

又命苏建调集10万人筑朔方城和修缮旧时秦万里长城。

据《史记·匈奴列传》记载：

其明年，卫青复出云中以西至陇西，击胡之楼烦、白羊王于河南，得胡首虏数千，牛羊百余万。

于是汉遂取河南地，筑朔方，复缮故秦时蒙恬所为塞，因河为固。

而这里的"明年"，便是指公元前127年。

第二次是公元前121年，汉武帝发动了河西之战，派骠骑将军霍去病第二次出奇兵，消灭匈奴4万多人，又接收归降的4万多人，打垮了匈奴右部势力，夺取了又一战略要地河西走廊。

此后，汉武帝依旧移民设郡，筑塞布防，于公元前121年设置武威、酒泉两郡并开始建造东起令居，即甘肃省永登县境内黄河西岸，沿河西走廊，西达酒泉北部金塔县的"令居塞"长城。

关于这次修长城，《汉书·张

骠骑将军　我国汉代官职。公元前121年始置，以霍去病为之，金印紫绶，位同三公。东汉各代沿置后，有时加"大"，称"骠骑大将军"。隋文帝置骠骑将军府，每府置骠骑、车骑二将军。此骠骑将军为府兵制度的基层军府主官，秩正四品，与汉以来的骠骑将军相去甚远。

■ 霍去病雕像

乌桓 我国古代民族之一。亦作乌丸，乌桓族原为东胡部落联盟中的一支。原与鲜卑同为东胡部落之一。其族属和语言系属有突厥、蒙古、通古斯诸说，未有定论。公元前3世纪末，匈奴破东胡后，迁至乌桓山，又曰乌丸山，遂以山名为族号，大约活动于后来的西拉木伦河两岸。

■ 汉代长城遗址附近的明长城

骞传》记载："汉始筑令居以西，初置酒泉郡，以通西北国。"

在《汉书·张骞传》也有相关的记载："令居，县名也，属金城。筑塞西至酒泉也。"

这段长城便是汉代河西长城的第一段，这也是汉武帝时期的第二次较大规模地修筑长城。

第三次是公元前119年，汉武帝发动了漠北之战，派大将军卫青率5万骑兵出定襄，骠骑将军霍去病率5万骑兵出代郡。

卫青打败匈奴左贤王直攻漠北。在狼居胥山，即蒙古肯特山筑坛祭天，在姑衍即狼胥山西边之山辟场祭地，临瀚海，即俄罗斯贝加尔湖而还。

此次战争迫使匈奴大部退出今内蒙古自治区东部地区，"是后匈奴远遁，而幕南无王庭"。西汉王朝随之迁乌桓人到边塞地区作为防御匈奴的屏障，并开始修缮利用秦始皇始建的万里长城。

第四次是公元前111年至公元前110年间所筑由酒泉西至玉门关的这段长城。这也是汉武帝时期的第三次较大规模地修筑长城。

据《史记·大宛列传》记载，公元前111年，汉武帝令从骠侯赵破奴大破匈奴，在河西走廊增设张掖、敦煌两郡，"于是酒泉列亭鄣至玉门矣。"

开辟西域的张骞塑像

据《汉书·张骞传》记载，公元前110年，汉武帝又令赵破奴同王恢"击破姑师，虏楼兰王。酒泉列亭鄣至玉门矣"。

据此两次历史记载可以断定，此段长城的建筑年代当在公元前111年至公元前110年之间，这便是汉代河西长城的第二段。

第五次是从公元前104年至公元前101年间，修筑由玉门至新疆维吾尔自治区罗布泊的长城。这也是汉武帝时期的最后一次较大规模地修筑长城。

公元前104年，汉武帝又在派贰师将军李广利伐大宛之后，修筑了从敦煌西即玉门至盐泽也称"蒲昌海"的长城。

据《史记·大宛列传》记载："敦煌置酒泉都尉；西至盐水，往往有亭。"

贰师将军 我国古代武职官衔的一种统称，始于汉代，盛行于南北朝，唐以后逐渐衰微。汉魏时期，有军功者比比皆是，授予官职的难度加大。因此常在"将军"前冠以某个名号以作为他的官职，这种名号并无一定，名号之间也无上下级关系，因此称为杂号将军。

■ 复原后的汉代武士铠甲

丝绸之路 指起始于古代我国的政治、经济、文化中心——古都长安连接亚洲、非洲和欧洲的古代陆上商业贸易路线。它跨越陇山山脉，穿过河西走廊，通过玉门关和阳关，抵达新疆，沿绿洲和帕米尔高原通过中亚、西亚和北非，最终抵达非洲和欧洲。它也是一条东方与西方之间经济、政治、文化进行交流的主要道路。

在《汉书·西域传》也有相关的记载：

自贰师将军伐大宛之后，西域震惧，多遣使来贡献。汉使西域者益得职。于是自敦煌西至盐泽，往往起亭。

书中提到的这段长城便是汉代河西长城的第三段。

自此，由汉武帝在公元前121年至公元前101年，历经20年，终于修通了长达1万多千米的河西长城，并沿路筑起烽燧亭障，以保障这条被后世称为"丝绸之路"的交通大道的畅通无阻。

这座长城东起辽东，西至盐泽，全长为1万多千米，其工程规模之大，远出秦代长城之上，为此，后人把这座长城命为我国最长的一座长城。

西汉河西长城是随着河西四郡的建立而建立的，它对促进这一地区转变为农业区，为西汉势力进入西域及开辟和保护中西交通要道丝绸之路都具有重要的意义。

在汉代，除了汉武帝命人修建的著名的河西长城，在酒泉北向至阴山，还建造了汉外长城，这样就把河套地区和河西地区置在了双层长城的防线之内。

《汉书·匈奴传》记载："汉使光禄徐自为出五原塞数百里，远者千里，筑城障列亭到卢朐，而使游击将军韩说、长平侯卫伉屯其旁，使强弩都尉路博德筑居延泽上。"

《汉书·地理志》颜师古注："武帝使伏波将军路博德筑遮虏障于居延城。"

这座汉外长城的始建时间大约在公元前102年，被称为"塞外列城"，又称"光禄塞"或者"光禄城"。

这座长城大致东起内蒙古自治区固阳县北，西北行经达茂联合旗、乌拉特中旗和后旗，穿越蒙古国南境西行，向内蒙古额济纳旗地区延伸。

汉武帝以后，西汉王朝对长城防御系统工程也有新筑，主要集中于汉昭帝及汉宣帝时期。

汉昭帝时修筑的主要为东段汉长城。据《汉书·昭帝纪》记载："元凤六年春正月，募郡国徒筑辽东玄菟城。"

这里的"元凤六年"，即是指公元前75年，而"玄菟城"则指后来的朝鲜北部清川江出海处的番汗附近。

汉昭帝以后，汉宣帝继续筑城屯戍，对西域进行了有效管理。公元前67年，汉宣帝派侍郎郑吉在渠犁筑城屯田。

公元前60年，汉宣帝又任郑吉为都护西域骑都尉，设置西域都护府于乌垒城，以管理西域乌孙、大宛、康居、桃槐、疏勒、无雷等36个属国，以后西域属国发展为50个。

侍郎 我国古代官名。汉武帝起开始设置。汉朝为郎官的一种，本为是宫廷的近侍。东汉以后，作为尚书的属官，初任为郎中，满一年为尚书郎，满3年为侍郎。之后随着尚书台的权利加大，侍郎日渐重要。隋唐之时，于京城内设6部，掌管国家政务。其中，每部一名的侍郎为辅佐尚书主官之事务实际执行者。

■ 甘肃汉长城遗址纪念碑

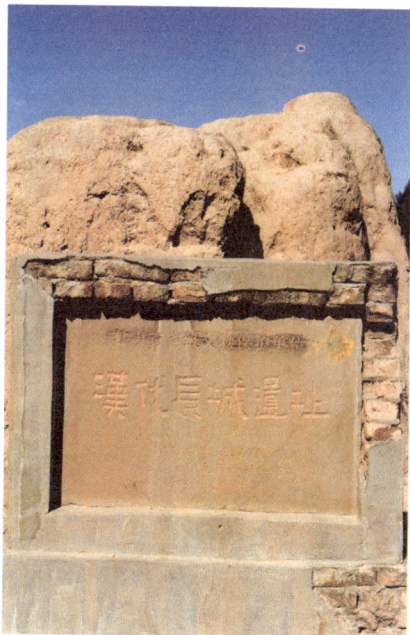

汉代修建的这几座长城，保存到后来，留下了很多的长城遗址，其中，位于河西走廊西端的甘肃省安西境内的汉长城有150千米，烽燧70座，城障3处。

这段长城东起甘肃玉门蘑菇滩，沿甘新公路南侧，疏勒河北岸，逶迤向西，与甘肃敦煌境内的西碱墩相连。

这些汉长城及沿线的城障烽燧，是汉代河西完整的军事防御体系的重要组成部分，也是西汉王朝构建河西乃至整个北方防御工程的历史缩影。虽经千百年来的风雨侵蚀，仍然巍然屹立在戈壁荒漠中，堪称中国保存较为完好的汉长城之一。

在这段长城中，玉门境内的汉代长城遗址，历经了几千年的风雨侵蚀，虽然失去了原有的雄伟风貌，但仍依稀可辨其大致轮廓。

这段汉代长城，全长70多千米，保存较完整的一段约20千米。最高部分约有2.3米，最低部分则只有0.3米。

这座汉长城，若以红柳层计算，最高部分有7层，最高处约2.5米，最厚处约4米，每层红柳厚约0.2米，砂石和土层最厚处约2米，红柳层

河西长城遗迹

■ 汉代长城烽燧

上下有芨芨草，厚约0.1米，最顶部的积砂层厚约0.4米。它是河西走廊汉代长城遗址中保存较完好的地段之一。

在这段长城附近还有一处著名的敦煌汉长城遗址。这里的长城结构并无砖石，因地制宜，就地取材建造。

因为在我国的敦煌北湖、西湖一带，生长着大片红柳、芦苇、罗布麻、胡杨树等植物。

古人在修建长城时，就用这些植物的枝条为地基，上铺土、沙砾石再夹芦苇，层层夯筑而成。以此分段修筑，相连为墙。长城内低洼地则铺盖细沙，称为"天田"，以观察脚印之用，是一种防御措施。

在这条长城沿线，每隔10米左右还筑有烽燧一座。这就是古籍中所写的"十里一大墩，五里一小墩"的烽火台。

每座烽燧都有戍卒把守，遇有敌情，白天煨烟，夜晚举火，点燃报警，传递消息，所燃烟火远在

罗布麻 因罗布泊而得名。在我国淮河、秦岭、昆仑山以北各省、自治区都有罗布麻分布。罗布麻在各地的名称很多，汉族人通常称其为"野麻"，藏族人称其为"扎哈"，新疆维吾尔族称"野务其干""陶格其干""哈拉其干""克子其干"，哈萨克族称"塔拉肯特尔"，蒙古族称"赛尔力克奥尔斯"。

■ 玉门关汉代长城
遗址上的大石块

女墙 也叫"女儿墙"。是仿照女子"睥睨"之形态，在城墙上筑起的墙垛，所以后来便演变成一种建筑专用术语。特指房屋外墙高出屋面的矮墙。建于城墙顶的内侧，一般比垛口低，起拦护作用，是在城墙壁上再设的另一道墙，是"城墙壁的女儿也"。

5千米附近都能看到。

敦煌境内的烽燧约有80多座，玉门关西湖一带保存得最为完整。汉代烽燧多呈底宽上窄的方柱形，主要建在长城内侧。

筑造结构主要有3种：一是用黄胶土夯筑而成；二是用天然板土、石块夹红柳、胡杨枝垒筑而成；三是用土坯夹芦苇砌筑而成。

烽燧大都建在较高的地方，一般都高达7米以上。有的残高10米左右。烽燧顶部，四边筑有不高的女墙，形成一间小屋。有的顶部后来还可以见到屋顶塌陷的遗迹和残木柱等。

古代的烽燧大的叫"障"，小的叫"亭"，主要起举火报警，传递消息的作用。汉代烽火信号标志有5类，可分为烽、表、烟、苣火和积薪。其中前3种主昼，苣火主夜，积薪昼夜兼用。

这5类烽火信号，并非各自孤立使用，一般是根据敌情组合使用。例如，有敌情10人以上者，白天点一堆积薪，举两烽；夜间点一堆积薪，点亮苣火。500人以上者，白天点两堆积薪，举3烽；夜间点两堆积薪，点3苣火。

在古代用这种方法传递军情，比马跑的速度要快得多。从敦煌至长安用马传递需要15天左右，用点烽燧传递只需要三天两夜就可到达，这是古代人民了不起的创举。

除了这两段长城，在我国的河北省承德境内、甘肃省金塔县和内蒙古自治区阴山以北的乌拉特草原等地，还有几处著名的汉长城遗址。

承德汉长城主要分布于丰宁、滦平、隆化、承德4县。以相当于县、都尉治所形成的城址为中心，辅以亭、障设施，与沿河川修筑的多路烽燧相连，仅少数地段筑有长城墙体，长城墙体与多路烽燧结合，形成了一套完整的军事防御体系。

金塔县汉代长城遗址位于金塔县大庄子乡北山南麓的山脉间，长城呈东西走向，东起花庄墩烽火台，西至北海子烽火台。

乌拉特草原上的汉长城遗址，近似弧形并向西北方向延伸，相对垂直间距为10千米至80千米。

南边的一座长城从乌中旗新忽热苏木东北20千米处进入巴盟。总体沿西北方向，经乌兰苏木的乌兰呼热，

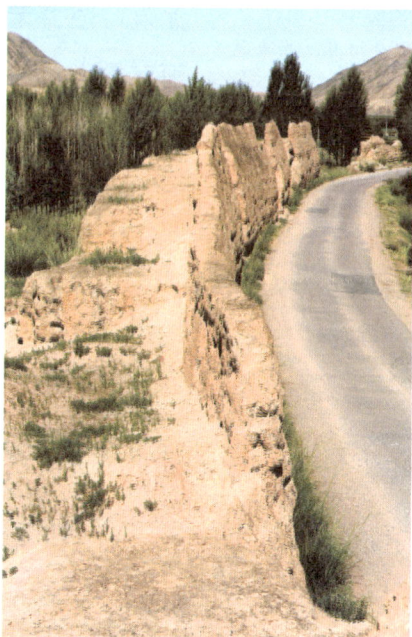

乌拉特草原 位于内蒙古巴彦淖尔市。该市地形大体分为三种类型：阴山山脉绵延东西，横亘在巴彦淖尔市腹地；阴山南麓是广阔的河套平原；阴山以北便是辽阔的乌拉特草原。这里夏秋两季，绿草如茵，牛羊肥壮，气候凉爽，幽静宜人。在这片广阔的草原上，有一段汉代修建的长城遗址。

秦时明月

历代长城

■ 承德汉代长城遗迹

乌中旗 内蒙古一个行政地区名，乌中旗人民政府驻地海流图镇，是全旗政治、经济、文化、交通中心。美丽迷人的乌拉特中旗，草原上一颗光彩夺目的明珠。悠久的历史，灿烂的文化，孕育了五千年的塞外文明。

过川井苏木，经沃博尔呼热和阿尔呼热入乌拉特后旗巴音前达门苏木境内，经宝音图、乌力吉苏木西北入蒙古人民共和国，在巴盟境内长约300千米。

北边的一座长城从乌中旗巴音苏木的巴音圆圙东37千米处入巴盟境内。

沿西北方向经敦达乌苏，转西经巴音杭盖苏木、过伊很查干入乌后旗，经巴音前达门苏木巴音查干向西南入宝音图苏木，再向西南入乌力吉苏木，复转向西北，经乌力吉苏木的沙尔扎塔、呼伦陶力盖西北入蒙古人民共和国境内，在巴盟境内长约280千米。

我国考古学者们多称北边的一条为"汉外长城"，南边的一条为"汉内长城"。这两座长城和赵秦长城在构筑方式上不同。

赵秦长城因山崖、沟壑据险而筑，几乎全部用石头筑成；而汉外长城和汉内长城多在草原通过，一般无险可依，无石可用，只好夯土为墙。经2000多年风雨寒暑，遗址高度多在一米左右，宽约4米至8米，许

■ 金塔县汉长城遗址上的夯土墙

多地段被后人当作道路使用。

这两座长城个别地段用石头筑成或外筑石内包土，在乌拉特后旗乌力吉苏木北15千米处为筑石包土的长城。

从其整个建筑形式来看，汉代的长城是采取了因地制宜的办法，因山河形势，就地取材。在一些地段夯筑了塞墙，在一些地段则开挖了壕沟，一些地段是纯粹的自然屏障，而一些地段则又是简易的烽台与栏栅式的防御工事。

当年，汉朝花如此大力修筑长城，除了军事上的防御之外，汉长城的西部还起着开发西域屯田、保护通往中亚的交通大道"丝绸之路"的作用。

其中，西汉所筑河西长城、亭障、列城、烽燧，有力地阻止了匈奴的进犯，对发展西域诸属国的农牧业生产，促进社会的进步，特别是对打通与西方国家的交通，发展同欧亚各国的经济贸易、文化交流起了重大的作用。两千年前，我国的丝织品即是通过这条"丝绸之路"经康居、安息、叙利亚而达于地中海沿岸各国的，在国际市场上享有很高的声誉。这条"丝绸之路"从长安出发远及两万多里。在汉王朝管辖地区就有5000千米以上。

从这些遗址及古墓葬之中，曾发现了自西汉以来的许多木简、丝帛文书、印章和丝织品。当时西方国家的毛织品、葡萄、瓜果等也沿着这条"丝绸之路"万里长途输入到长安和东南郡县。在文化艺术上通过这条大道也得到了交流。

沧桑巨变，经历2000多年的风雨侵蚀、风沙掩埋与人为破坏，这些长城已大多是面目全非了。或被夷为平地，踪迹无寻；或颓为田埂、浅沟，已失却往日的风采。唯有那残迹犹存的烽台，在向人们诉说着汉塞的走向与历史。

阅读链接

我国汉朝皇帝花大力气修筑万里长城，除了军事上的防御之外，汉长城的西部还起着开发西域屯田、保护通往中亚的交通大道"丝绸之路"的作用。

在2000年前，我国的丝织品便是通过这条"丝绸之路"经康居、安息、叙利亚而达于地中海沿岸各国的，在国际市场上享有很高的声誉。

这条"丝绸之路"从长安出发远及两万多里。在汉王朝管辖地区就有5000千米以上。当时分作南北两路：南路从敦煌经楼兰、于阗、莎车、疏勒、桃槐、贵山城、贰师城而达大月氏、安息，再往西达于条支、大秦。北路从敦煌经车师前王廷、焉栖、龟兹在疏勒与南路相合。

就在这条东起武威、居延，西至疏勒以西我国境内的万里古路上，2000多年前汉代修筑的长城、亭障、列城、烽燧的遗址，一直巍然耸立。从这些遗址及古墓葬之中，曾发现了自西汉以来的许多木简、丝帛文书、印章和丝织品。这些古老的文物为我国研究古文化提供了重要的依据。

北魏为防柔然建成两座长城

汉代以后，我国的历史进入了南北朝时期，在这个时期，继匈奴之后于北方发展起来的鲜卑人在入主中原后建立起南北朝时期北朝的第一个朝代北魏，又称"拓跋魏"。当时，在北魏北部边境分布着柔然、契丹等游牧民族。

为此，北魏为了防御北方的柔然而修筑了赤城阴山长城和畿上塞围两座长城。其中，赤城阴山长城便是423年始建的。据《魏书·太宗纪》记载：

泰常八年，蠕蠕犯塞，二月戊辰，筑长城于长川之南，起自赤城，西至五原，延袤二千余里，备置戍卫。

北魏将军雕像

■ 北魏长城遗址上的明长城

这里的"泰常八年"便是423年，而"蠕蠕"就是柔然，史书上也称"柔蠕""芮芮""茹茹"，茹茹是柔然民族的自称之辞。

柔然本为东胡族的支属，由鲜卑人和匈奴人后裔构成，于402年建立政权。此后活动区域不断扩大，并不断侵扰北魏，北魏太祖道武帝和太宗明元帝曾多次对其用兵。

为防御柔然和防备东北部契丹的袭扰，北魏明元帝仿效秦汉王朝防御匈奴的办法，于423年，在河北省北部的内蒙古自治区草原上修筑了一座长城，它东起今河北省赤城东北，经张北、尚义，入内蒙古自治区化德，经商都、察右后旗、察右中旗、四子王旗、武川、固阳，再西入阴山之中，长度为1000多千米。

北魏明元帝亲眼看见这座长城修筑完成后就去世了，他的继承者北魏太武帝拓跋焘为了加强对北境的防御，又在长城一线设置6个军镇，并在各镇的要害

处派重兵把守。

在北魏时期修建的畿上塞围，意为围绕京城地方修筑的防御工程。当时，柔然征服了突厥，势力又逐渐强盛起来。这时，北魏已完成了北方的统一，为了解除柔然的威胁，开始致力于巩固北部的边防。

太武帝于446年农历六月"丙戌，发司、幽、定、冀四州10万人，筑畿上塞围。起上谷，西至于河，广袤皆千里"。

这里的长城施工时间很明确，历时一年半多。"上谷"是古代的郡名，就是后来的北京延庆县城。

长城东端应在该县南的军都山八达岭上。"河"是黄河的简称，也就是后来山西偏关县西境的河段。

为此，北魏畿上塞围长城的走向是：自延庆南境的八达岭趋向西南，跨越小五台山、蔚县和涞源两县间的黑石岭入山西省。

过灵丘县境的沙河源头天门关，转西循恒山过

拓跋焘（408年~452年），鲜卑族。北魏第三任皇帝。422年，被立为太子，423年登基，改元始光。拓跋焘在位期间，亲率大军灭亡胡夏、北燕、北凉等诸多政权，统一北方。北伐柔然，使之"不敢复南"；南败刘宋，占据河南之地。在位29年，为南北朝时期杰出的骑兵统帅。

北魏长城遗址上的雁门关长城

今浑源、应县之地，代县的雁门关，转趋西北过宁武县阳方口的楼烦关、神池、朔县诸地，沿偏关河而西止于黄河东岸。其平面布局略呈向南凸起的弧形，围护着北魏京都的东、南、西三面，称作"塞围"。

除了这两座长城，在北魏时期，后来的魏孝文帝还在484年，以及魏宣武帝时期的504年，对北魏早年间修建的赤城阴山长城进行过一些修整。由于北魏的长城修建的规模较小，至后来已经很难找到相关的遗址了。

阅读链接

历史上，北魏太武帝拓跋焘为赤城阴山长城设置的6个军镇，在北魏前期，其地位很高，因其作用是拱卫首都平城。

多以"良家子弟"戍守，镇将往往升相位。随着柔然对北魏威胁减弱和魏孝文帝迁都洛阳，六镇地位下降，导致后来逐渐荒废。但后来北齐、北周统治集团人物还多出于六镇。

同时，北魏还于孝文帝太和年间增建了御夷镇，初期镇治所在河北省沽源县东北，后来迁移到独石口一带。据《水经注·沽水注》载，御夷"城在居庸县西北二百里，故名'云侯卤'，太和中更名御夷镇"。御夷镇也是靠近长城设置的。

东魏为防西魏建成肆州长城

534年，北魏权臣高欢所立的皇帝北魏孝武帝元修不愿做傀儡皇帝，被迫逃往关中投奔关陇军阀宇文泰。

孝武帝出走，北魏便没有了皇帝，于是高欢便在同一年拥立年仅11岁的北魏孝文帝的曾孙元善见为帝。

这样一来，北魏便同时出现了元善见和元修两位皇帝，于是，北魏便一分为二，分裂成东魏和西魏两个小国。

本来，在北魏孝文帝时，北魏的都城是迁到洛阳的，东魏建立后，高欢又把都城迁到了邺城。但权臣高欢于晋阳建大丞相府，遥控东魏政务，史谓"军国政务，皆归相

■ 东魏长城遗址

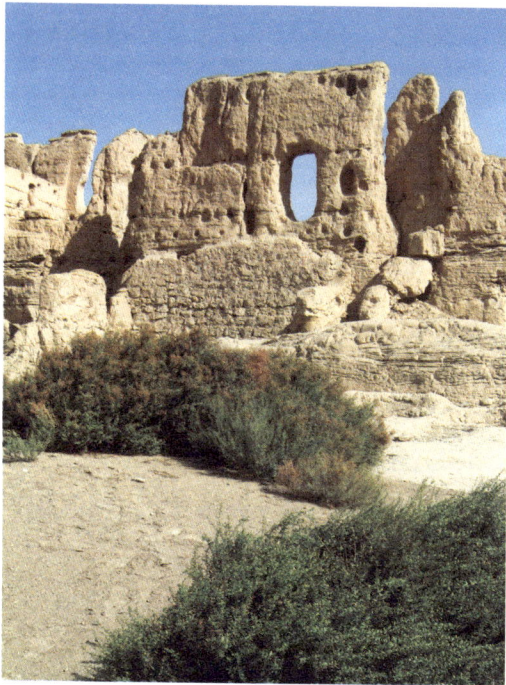

■ 东魏长城遗址上
的土夯墙

《资治通鉴》
北宋司马光主编
的一部多卷本编
年体史书，共294
卷，历时19年完
成。它以时间为
纲，事件为目，
从公元前403年
写起，至959年
征淮南停笔，涵
盖16朝1362年的
历史。它是我国
第一部编年体通
史，在我国官修
史书中占有极重
要的地位。

府"。为此，晋阳才是东魏事实上的政治军事中心。

东魏建立后，西面与南面基本上以黄河及河南省洛阳一线与西魏为界，为了争夺土地与人口，战事不断；北面山胡、柔然等族也不断南下骚扰东魏。

面对来自西魏与山胡、柔然等两方面的军事威胁，就当时的国力而言，东魏是绝难同时在两条战线上取胜的，因此对威胁较小的北面，除运用和亲联姻外交手段外，采取筑墙防御也是东魏新建政权的逻辑选择。

于是，在543年时，权臣高欢召集5万多民夫，费时40多天，在战略地位十分重要的管涔山与恒山两大山系的相连处，修筑了一座长城，历史称之为"肆州长城"。

关于这段历史，据《魏书·孝静帝纪》记载：

东魏武定元年秋八月……齐献武王召夫五万于肆州北山筑城，西自马陵戍，东至土隥。四十日罢。

同时，《资治通鉴》中也记载说："梁大同九年，即东魏武定元年，东魏丞相欢筑长城于肆州北山西自马陵，东至土墱，四十日罢。"

这里是"东魏武定元年"便是543年，而"齐献武王"便是当时东魏的权臣高欢。"肆州"则是后来的山西省忻县，"马陵戍"则是后来的山西省静乐北汾水之源，"土墱"便是后来的山西省代县峄阳镇西北，其地正在恒山山脉中。

这道肆州长城是防西魏与柔然联兵以进攻东魏的，长城起于山西省静乐县，止于山西省代县峄阳镇，其长度约为150千米。主要分布于宁武县、原平境内的6个乡内，大体呈东西走向，后来的遗迹实际长度约为60千米。

其中，宁武县段长城遗址起自距宁武县城西7.2千米处的榆庄乡榆树坪村。

然后顺管涔山东坡下行至苗庄村与苗庄城址北墙相连，又跨越恢河后，沿凤凰山西坡而上，经东坝沟、东庄乡三张庄后村，并于三张庄村东5千米处进入原平。境内大体呈东西向分布，全长约18千米。

榆树坪至苗庄村段，墙体以土夯为主，因风雨侵蚀和人为破坏，损毁严重，墙体多已不存，遗迹却很明显，部分残段现存高为一米。

苗庄村至东坝沟村段，墙体以砂岩质片石垒砌，墙大部分坍

凤凰山　太谷凤凰山距县城七公里，是太谷县东山底村之后山，也是境内之著名景点，山上矗立三座宝塔，名叫风云雨塔。风云雨塔巍峨入云，雄壮秀美。山间有道观，叫龙泉宫。元朝大诗人元好问曾在此地留有诗作数首，清赵铁山有"听山水之清音"的题词。

081

秦时明月

历代长城

■ 宁武县东魏长城遗迹

塌，只有在东坝沟村东北600米处约有60米保存较为完好。当地人称"石碣边墙"，残高约为1.4米，顶宽3米。

东坝沟村经三张庄村至原平市段，墙体多以砂岩片石构筑，部分段落为土夯，大部分墙体两侧的石片已经剥落，但主体保存尚好，残高一两米，顶宽两米。在长城遗址内外两侧还有3处障城遗址。

第一处是三张庄后村障城，位于三张庄后村西北500多米，北距长城5米至10米，长约150米，宽80米，仅存基址。

第二处是阎王壁障城遗址，位于三张庄后村东北800多米，西距三张庄后村障城约1千米。砂岩片石构筑，呈不规则四边形，处于长城遗址外侧，南墙借长城墙体。

东墙体长约15米，残高约为3米，顶宽2米；西墙体长约25米，残高约为2.4米，顶宽2米；南墙体长约20米，残高约为1.5米，顶宽2米；北墙体长约22米，残高约为1.8米，顶宽2.2米。

南高北低，东、西墙体保存尚好。

第三处是尖山峁障城遗址，西距阎王壁障城5千米左右，位于长城

■石碣边墙遗址

阎王壁障城遗址

083
秦时明月
历代长城

内侧，北、东两墙体借长城遗址。略呈长方形，东西长约120米，南北宽约60米，北高南低。

南墙墙体已不存，西墙墙体残损严重，残高约为1米，顶宽2.3米。北、东墙体残高1.5米，顶宽2米。

原平市段东魏长城遗址于宁武县东庄乡三张庄后村向东5.5千米延入原平，经后口、龙宫、段家堡、官地等四个乡，于官地乡黑峪村北300米处止。境内约长43千米，大体呈东西走向。

后口乡段长城遗址自北梁村西1千米处开始，东经北梁村、白草崾村、縻子洼村、长畛村、于长畛村南100米越无名河、北同蒲铁路，又经四十亩村，进入龙宫乡界。大体呈东西走向。只有四十亩村附近局部南折，全长约为19千米。

此段长城的墙体多为片石构筑，只有在縻子洼东北的西梁、长畛村西1.5千米处的南梁等段落为土夯。石筑墙体两侧的垒砌石片大部分剥落，遗址主体个别地段保存较好，现保存于地面的残段最高约为3米，顶宽1.5米至3米，基宽3米至6.5米。

长畛村西300米处的南梁长城遗址上有一座棱台形烽燧，残高约为1米，基底呈长宽各5米，顶部呈长宽各两米，砂质片石构筑。

龙宫乡大立石村至段家堡乡南土妥村段长城遗址由四十亩村南入龙宫乡大立石村，又东行经陡沟村、段家堡乡下马铺村、西庄头村、南土妥村，并于南土妥村南500米越阳坡河东入官地乡。全长约为17千米，大体呈东西向。

这段长城遗址均由砂岩质或铝、锰等矿石垒砌而成，大部分受到损毁，个别段落保存尚好。残高约为一两米，顶宽两米多。

该段长城遗址有一个特别之处，墙体剖面包含有多层木炭灰及木炭，墙体表面大多凝结成块状，个别块状上有褐色或淡绿色玻璃质晶体，火烧痕迹明显，在当地百姓中流传有火烧边墙的传说。

东魏长城的官地乡黑峪村段遗址开始于村西南2千米，局部北折，于黑峪村北的山梁上，约长3.5千米，大体呈南北向。墙体一半为土夯，一半为片石构筑，损毁严重，残段高约一米。

在与段家堡乡南土妥村交界处的长城遗址内侧，还有一处障城遗

后口乡段长城遗址

址，略呈长方形，东西长约120米，宽25米，墙体全部为黄土夯筑，南墙残段长约10米，残高1.8米，顶宽1.4米，基宽2.5米。

这些保存下来的东魏长城遗迹，为后人研究东魏文化和历史提供了重要的依据。

阅读链接

据说，东魏长城建筑所用材料，一般就地取材，宜石则石，宜土则土。后来的长城遗迹85％为片石垒砌，15％为土夯。片石垒砌又可分为两种：一种为箱式做法；另一种为以树木和片石混合垒砌。

土夯法：在长城遗址经过土层堆积较厚的地段时，采用这类筑法。东魏长城土夯墙体的夯层一般为7厘米至11厘米之间，寰形圆底夯，夯窝径为五六厘米。

箱式片石垒砌法：所谓箱式即是长城墙体两侧用片石整齐垒砌，每隔几米不等中间打一隔墙，中间填充碎石和杂土。类似火车车厢一样，这也是早期长城中片石垒砌法中较为常见的一种。其目的是为了增加墙体的强度，使之不易坍塌。该段长城凡是片石构筑段落均采用这种建筑手法。

树石混筑法：这是该段长城建筑手法的特殊之处。这种建筑手法与第二种建筑方法是互相结合在一起的，即先用片石垒砌，当墙体达到一定高度后，将整树平放一层，然后又在上面再垒砌片石，这样几层片石一层树，层层垒砌，借以加强墙体的强度。从四十亩村至下马铺近20千米的段落，就是采用这种做法的。

北齐为巩固边防屡建长城

　　550年，东魏权臣高欢的二儿子高洋推翻了东魏，建立了北齐，称齐文宣帝。这时，北齐占据山东、河北、山西、河南等地。高洋当上皇帝以后，他一方面在政治上采取措施，严禁贪污，制定齐律，建立州郡，稳定内部；另一方面为了巩固防务，首先进行军队整顿，并连

北齐长城遗址上的司马台长城

年出击北方强敌柔然、突厥、契丹，取得节节胜利。

为了巩固北方边防和防御西部的北周，高洋还命人先后几次大筑长城。据古籍上记载，北齐文宣帝修筑长城的事件一共有4次。

第一次是在552年，据《北史·齐本纪》记载："文宣帝天保三年十月乙未，次黄栌岭。仍起长城，北至社于戍，四百余里，立三十六戍。"这里提到的"黄栌岭"便是山西汾阳西北的黄芦岭，而"社于戍"则是指在山西省五寨县境内，这道南北共有400多米长的长城，是北齐政权第一次修筑的长城。其意图是用来防御稽胡和对付西魏的。

北齐第二次修建长城是在555年，据《北史·齐本纪》记载："天保五年十二月庚申，车驾北巡至达速岭，亲览山川险要，将起长城。天保六年三月，发寡妇以配军士筑长城。是岁……诏发夫一百八十万人筑城，自幽州北夏口，西至恒州，九百余里。"

这里提到的"幽州"便是后来的北京，而"夏口"便是北京居庸关的南口附近，而"恒州"则是指的山西大同。这段长达900多米的长

北齐武士俑

伟大的长城

太行八陉 陉指山脉中断的地方。太行山中多东西向横陉，著名的有军都陉、蒲阴陉、飞狐陉、井陉、滏口陉、白陉、太行陉、轵关陉等，古称太行八陉，即古代晋冀豫三省穿越太行山相互往来的8条咽喉通道，是三省边界的重要军事关隘所在之地。太行第一陉曰轵关陉，属河南府济源县，在县西。

城，基本上是沿北魏长城线进行的修葺和增筑。

北齐的第三次修建长城是在556年，《北齐书·文宣帝纪》记载："天保七年，自西河总秦戍筑长城东至于海，前后所筑东西凡三千余里，率十里一戍，其要害置州镇，凡二十五所。"

这里的"西河"便是山西汾阳，而"总秦戍"则是山西大同西北境内，"海"是指秦皇岛山海关的海边。这段长达3千米的长城当是利用了552年时所筑的黄栌岭至社于戍长城和555年时所筑的夏口至恒州长城，加以连缀增补而成，其夏口至海边的部分是沿燕山南麓而筑成的。

北齐的第四次修建长城是在557年，《北齐书·文宣帝纪》记载："天保八年初，于长城内筑重城，自库洛拔而东，至于坞纥戍，凡四百余里。"

这里的"库洛拔"便是山西代县与朔县的交界处，而"坞纥戍"则在山西省繁峙县平型关东北处。这段长城的位置走向仍与北魏"畿上塞围"之南环长城相关。当然，在北齐时，除了文宣帝高洋修建了上面的这几段长城以外，为了防御西部的北周，北齐在563年，还修筑了南北向的长城。

据《资治通鉴》记载："河清二年三月，齐诏司空斛律光督步骑二万，筑勋常城于轵关，仍筑长城二百里，置十二戍。"这里的"河清二年三月"便是563年，而"轵关"便是在河南济源县西北，为太行八陉之第一陉。当时下旨修建此段长城的是北齐武成帝。

两年后，565年，北齐后主高纬当上了皇帝，他上台后，又命人补修了大同东至于海的长城。

据《北齐书·斛律金传附子羡传》记载："天统元年，羡以北虏屡犯边，须备不虞，自库堆戍东拒于海，随山屈曲二千余里，其间二百里中凡有险要，或斩山筑城，或湖谷起障，并置立戍逻五十余所。"

这里的"库堆戍"，后人认为是后来的古北口长城。据史书记载，563年，突厥曾发动20万兵民毁坏北齐长城，第二年又多次用兵大掠幽州和恒州。为此，后人认为，北齐后主此次命人修筑的长城是为防御突厥而对以前所筑北部长城的补修和连缀。

北齐长城经过多次修建，连缀成两条主线：

一条为北面的外边，自山西省西北芦芽山、管涔山向东北延伸，经大同、阳高、天镇北境入河北省张家口赤城县境，再沿燕山山脉东南方向经北京、天津、唐山境入秦皇岛、山海关区境至海。

另一条是南面的内边，其西起晋西北偏关一带东南行，至武县北转向东北，沿恒山山脉东来而入河北省，复沿太行山北上而与外边长城在北京西北处相连。

北齐长城遗址上的古北口长城

其具体走向，我国学术界普遍认为，这和后来的明长城中东部的位置大体一致，因此有学者认为，后来形成的明长城的一些地段是覆盖了北齐长城的，有的是两座长城亦断亦续地相连，也有分开的，但都不长。

比如在后来的山西省偏关老营镇南曾发现一段长约25千米的北齐长城遗址。这段北齐长城，先是与明长城并行，南行至新庄子村后两者分开，明长城趋向西南，齐长城则走向偏东南，绕了个弯后，在北场村南复与明长城会合。

此段长城的残高约为3米，底宽4米，顶宽0.5米，其余北齐长城均被明长城覆盖在下面，裸露甚少。

另外，在后来的密云县东庄乡后川口村，对面山上的大阴坡，也有一段长断断续续约六七米，高0.7米多，宽2.5米的北齐长城遗址。

此段长城起于司马台关门西山脚下，沿山脊在后川口与明代金山岭长城连接，这是唯一的偏离明长城的一段北齐长城，其余东西北齐长城，早已迭压在明长城底下，其遗迹不见。

阅读链接

始建于北齐的古北口长城是我国长城史上最完整的长城体系。由北齐长城和明长城共同组成，包括卧虎山、蟠龙山、金山岭和司马台4个城段。

古北口是山海关、居庸关两关之间的长城要塞，为辽东平原和内蒙古通往中原地区的咽喉，历来是兵家必争之地，尤其是在辽、金、元、明、清这五朝，大大小小争夺古北口的战役从未停止过，因此长城的作用突显得尤为重要。

这段长城全长40多千米，现存敌台143座、烽火台14座、关口16个、水关长城3个、关城6个、瓮城3个，其中著名的有北齐长城的大花楼烽火台、古北口长城的制高点望京楼、姊妹楼长城、仙女楼、将军楼、水楼水关遗迹等。